CATALOGUE RAISONNÉ

DES

RICHESSES MONUMENTALES
ET ARTISTIQUES

DU DÉPARTEMENT DE LA CORRÈZE

PAR VICTOR FOROT

Directeur du Musée de Tulle

Correspondant du Ministère de l'Instruction Publique et des Beaux-Arts

OUVRAGE ILLUSTRÉ DE CENT GRAVURES

ARTIBUS

PARIS

LIBRAIRIE DE L'ART FRANÇAIS Jean SCHEMIT

52, RUE LAFFITTE, 52

1913

CATALOGUE RAISONNÉ DES RICHESSES

MONUMENTALES ET ARTISTIQUES

DU DÉPARTEMENT DE LA CORRÈZE

Sous ce titre nous comprendrons tous les monuments préhistoriques tels que Cromlechs, Peulvans, Dolmens, Tumulus, etc. ; -- Les monuments antiques, comme les Camps, Arènes, Voies romaines, etc ; --- enfin les monuments du moyen-âge et les objets d'arts anciens que renferment nos églises corréziennes.

Quelques lignes explicatives nous semblent nécessaires avant de dresser ce répertoire.

Les Monuments mégalithiques

On nomme indistinctement *Menhir* ou *Peulvan*, une simple pierre brute de hauteur variable plantée verticalement. Le premier de ces noms est composé de deux mots bretons : *man* ou *men* (pierre) et *hir* (long) ; le second est formé de *peul* (pilier) et de *van*, qui a la même signification que *men*.

Le *Dolmen* est, dans sa forme la plus simple, un assemblage de trois pierres plates, dont deux sont plantées face à face, et la troisième posée à plat sur les deux premières.

Il y en a qui sont composés de quatre ou cinq pierres, formant alors une sorte de hutte fermée sur trois côtés qu'on nomme *Cella*. Le nom de *Dolmen* est formé de *daul* (table) et de *men* (pierre).

Le *Demi-Dolmen* est composé de deux ou trois roches appuyées l'une sur l'autre, de manière à former une inclinaison rapide avec la table qui est la pièce principale de ce genre de monument.

Les *Trilithes* sont composés de trois pierres, deux debout et une troisième posée sur les deux premières, comme un linteau, de manière à représenter une porte.

Le *Ciste* (du grec *Kista* : corbeille) est une sorte de tombeau oblong, à quatre faces ; le plus souvent ce sont des petits dolmens. — Ce sont des coffres en pierre.

Le *Cromlech* n'est autre chose qu'un groupe de menhirs disposés en cercle plus ou moins régulier. — Le nom se compose de *croumm* ou *crom* (courbe) et de *lech* (lieu).

Le *Lechaven* ou *Lech'ven* (de *lech* et de *ven*) est aussi une enceinte circulaire, mais où les pierres sont reliées de deux en deux, par d'autres pierres, posées transversalement, en manière d'architrave, ou de linteau : c'est une espèce de portique grossier.

Le *Témène*, du grec *temenos* (enceinte) diffère du Cromlech en ce que l'enceinte qu'il décrit paraît être essentiellement quadrangulaire, et d'une étendue beaucoup plus considérable, semblant, en quelque sorte, servir de parvis à un autre monument.

Les *Allées couvertes* sont de grands dolmens formant galerie.

Les *Demi-Allées* sont des pierres verticales soutenant, par un bout, des pierres inclinées.

Les *Alignements* sont de nombreux menhirs disposés en allées.

Les *Pierres branlantes* ou *vacillantes* sont des blocs de pierre posés soit sur le sol, soit sur une autre pierre, de telle sorte qu'un faible effort puisse léur communiquer un mouvement d'oscillation.

On compte en France 4.458 monuments mégalithiques connus, nous allons indiquer ceux que nous connaissons dans le département de la Corrèze.

Il est à remarquer que ces monuments sont rares dans l'Est et dans le Sud de la France.

MONUMENTS MÉGALITHIQUES

Classés en Corrèze (1)

ARGENTAT. — *Menhir dit la Grave de Roland.*

Debout, dans un champ, à 500 mètres de la ville, à droite du chemin qui conduit d'Argentat à Monceau, se trouve un petit menhir qui ne s'élève qu'à 1 mètre 70 au-dessus du sol. — Les terres d'alluvion de la Souvigne et autres l'ont profondément enfoui, cela est probable. La base vue de cette aiguille de granit mesure 0 m. 60 centimètres. L'altitude du lieu est d'environ 195 mètres.

AUBAZINE. — *Cromlech du Puy de Pauliac.* Mieux *du Pas del Peuch*, au nord du Puy de Pauliac, dans la parcelle de terrain classée sous le n° 743, section B, du plan cadastral de la commune d'Aubazine (420 mètres d'altitude).

C'est une ellipse pierres de 35 mètres du grand diamètre environ, formé de dix roches éruptives naturelles, de vingt-six petits menhirs sortant de terre en moyenne de 1 m. 10

---

(1) La plupart des monuments dont nous allons nous occuper ont été indiqués ou décrits par M. Ph. Lalande dans le volume du congrès d'archéologie préhistorique, 2ᵉ session, tenue à Paris en 1867, pages 169-176 et dans le volume du congrès archéologique de France, LVIIᵉ session, séances générales tenues à Brive en 1890, pages 160-184.

cent. de hauteur, et de neuf menhirs carrés reposant à ter-

LA GRAVE DE ROLAND A ARGENTAT

Dessin de E. Rupin extrait du *Bulletin de la Société scientifique, historique et archéologique de la Corrèze* (1).

re. Six grands intervalles vides indiquent qu'il y avait autrefois un plus grand nombre de menhirs.

BEYNAT. — *Dolmen dit la Cabane de la Fée*, est situé à peu de distance du bourg (2 kil.) près du village de

(1) Bon nombre de dessins que nous donnerons dans cette étude sont dûs au crayon de notre regretté ami, M. Ernest Rupin, si connu par son talent d'écrivain et de dessinateur. Beaucoup de ces clichés ont paru dans le *Bulletin de la Société scientifique, historique et archéologique de la Corrèze*, à qui nous adressons nos sincères remerciements pour l'autorisation qu'elle a bien voulu nous donner de les reproduire.

Quelques autres de ces clichés nous ont été gracieusement prêtés par la Section corrézienne de la Société de Géographie, par les administrateurs des journaux le *Courrier du Centre*, le *Limousin de Paris*, les Imprimeries Roche, Bessot et Guionie, de Brive, de la Société du *Corrézien Républicain*, de M. Mazeyrie et de M. Juglard, de Tulle, comme de MM. Eyboulet, à Ussel.

Qu'ils reçoivent de nouveau nos remerciements.

Brugeilles. Un des plus intéressants de la contrée. Il se compose d'une table ovale, en gneiss et de deux pierres fichées debout. La longueur de la table est de

CROMLECH DU PUY DE PAULIAC
Dessin de M. Michel Soulié, professeur au lycée de Tulle.

3 mètres 20 ; la largeur maximum est de 2 mètres 50. — Cette pierre est posée horizontalement sur une cella rectangulaire, ouverte à l'Orient. Elle a 2 mètres 20 de profondeur, une largeur de 1 mètre et une hauteur de 0 m. 90 centimètres.

Ce monument, qui est à environ 380 mètres d'altitude, fut fouillé par MM. Massénat et Ph. Lalande qui y trouvèrent des tessons de poterie d'origine douteuse.

ESPARTIGNAC. — *Dolmen dit la Maison du loup.* Ce nom a été adopté pour le classement de ce monument mégalithique, mais les gens du pays le désignent le plus souvent sous celui du *Rocher du prêtre* ou mieux encore de *la Table* ou de *la Chambre.*

Ce dolmen est situé sur la rive gauche de la Vézère, à environ 360 mètres d'altitude, dans un taillis appelé autrefois la *Forêt de l'Abbé.* « La cella, m'écrit M. Ph. Lalande, est formée par deux larges dalles en granit, posées horizontalement, d'un côté sur une saillie naturelle du rocher, de l'autre sur deux dalles verticales. Un autre bloc est dispo-

sé transversalement au fond de la cella que ferme, de ce
côté, le flanc presque à pic de la colline. — Profondeur de
la cella 2 mètres 10 ; largeur 1 m. 35. — Comme aspect,
ce dolmen (?) s'écarte des autres dolmens corréziens. »

FEYT. — *Cromlech.*

Après avoir vainement cherché le cromlech de Feyt,
j'ai consulté l'ouvrage de M. le docteur Longy et je me suis
aperçu qu'il n'en faisait pas mention. Cet érudit, du pays,
était pourtant bien en position pour être documenté (1).
Sachant que M. Ph. Lalande avait été chargé en 1865, par

CROMLECH DE FEYT

Dessin de M. E. Rupin. — Cliché de la Soc. archéologique de Brive.

la commission de la topographie des Gaules, de dresser
un inventaire des dolmens, menhirs, cromlechs et tumulus pouvant se trouver dans le département de la Corrèze,
je me suis adressé à lui pour être renseigné sur le point
exact où se trouve ce cromlech et sur son importance.
— Voici ce qu'il a bien voulu me répondre : « Le petit (oh!
bien petit) cromlech de la commune de Feyt existe réelle-
ment, ou tout au moins existait en 1865, quand je l'ai *vu*
en compagnie de M. Ratelade d'Eygurande. »

(1) *Le Canton d'Eygurande*, imp. Crauffon Tulle 1893.

Ce cromlech se trouverait d'après M. Ph. Lalande à une altitude d'environ 770 mètres, « sur les limites de la Corrèze et de la Creuse. Petit cercle de pierres, au nombre de huit, non juxtaposées ; une neuvième pierre est fichée à l'Ouest, en dehors du cercle, dont le diamètre est de deux mètres. »

Dans l'arrondissement de Brive, COMMUNE DE SAINT-CERNIN-DE-LARCHE on voit divers monuments mégalithiques : 1° le *dolmen de Lapalein* (la Palein) nommé aussi *Peïro levado*, pierre levée. — « Il est construit sur un tumulus, de forme ovalaire, mesurant 28 mètres sur son grand axe et 15 mètres 50 sur l'autre, dit M. le docteur Laffon, et formé par des dalles de pierres calcaires de 0 m. 20 à 0 m. 40 d'épaisseur, dont trois placées verticalement, constituent les solides supports de la table du dolmen, qui a les dimensions suivantes : longueur 2 m. 85, largeur 2 m. 43, épaisseur 0,40, présentant sur son côté une échancrure de 0 m. 75 de largeur, sur 0,40 de profondeur, provenant d'une cassure de la pierre. Elle est orientée de l'est à l'ouest et la cella, qui mesure 2 m. 90 de profondeur, 1 m. 10 de largeur et une hauteur actuelle de 1 m. 30, a son entrée à l'est. Elle devait être fermée par une grande dalle, de la même dimension que son ouverture, qui a été trouvée renversée au milieu des pierrailles, au devant de l'entrée. »

DOLMEN DE LAPALEIN
(Dessin de M. Michel Soulié).

Des fouilles, opérées par MM. Rateau, Ph. Lalande, et Elie Massénat, donnèrent des ossements humains en désordre, des tessons de poteries, les uns fort anciens, les autres relativement modernes, « ce qui semble indiquer, nous écrit M. Ph. Lalande, que ce dolmen avait été déjà fouillé. » avant 1865.

A environ 500 mètres de ce dolmen, vers le sud-est, voici le puy de La Chassagne (288 m. d'altitude), au sommet duquel se trouve un autre *dolmen* entouré de six tumuli. Il est lui-même sur un tumulus d'environ 50 mètres de circonférence et construit en dalles calcaires. La table de ce dolmen mesure d'un côté 2 m. 10 et de l'autre 1 m. 45 ; sa largeur est de 1 m. 65 et son épaisseur varie de 0 m. 30 à 0 m. 35. Elle est supportée par trois pierres, posées sur champ, de 0 m. 30 d'épaisseur et une longueur de 1 m. 60 à droite et 1 m. 90 à gauche, disposées en forme de sarcophage. L'orientation est du sud-est au nord-est et l'entrée de la cella a une largeur de 0 m. 70 sur 1 m. 10 de hauteur. Les fouilles faites en 1867 donnèrent des ossements, quelques tessons de poterie grossière et quelques perles de colliers en jayet, nous écrit M. Ph. Lalande.

Voici terminée la courte liste des monuments mégalithiques classés dans le département de la Corrèze. Et cependant nous savons qu'il y en existe d'autres n'ayant pas moins de valeur que ceux dont nous venons de parler. Nous allons les citer, cela aura peut-être pour résultat de les faire classer, et nous revendiquons pour eux la protection de ce classement, bien que trop souvent inefficace, mais pourtant utile, qu'on a accordée à d'autres monuments mégalithiques de moindre valeur.

MONUMENTS MÉGALITHIQUES NON CLASSÉS

Parcourons d'abord l'arrondissement de Tulle, puisque nous y sommes :

Dans la commune de SAINTE-FORTUNADE, à quelques mètres de la route nationale n° 140, de Montargis à Figeac, au kilomètre 31, (13 kilomètres de Tulle), voici le *dolmen de Clairfage.*

C'est une table en granit du pays, de trois mètres de longueur sur 2 mètres 40 centimètres de largeur, et d'une épaisseur d'environ 0. 30. Elle est posée horizontalement sur trois supports, deux sur les côtés un formant le fond, de même nature, formant une cella rectangulaire d'un mètre de largeur et d'une profondeur de un mètre 90 centimètres sur une hauteur de un mètre 20 centimètres.

Ce monument, placé à environ 360 mètres d'altitude, est en parfait état de conservation et l'un des meilleurs du département, en ce sens qu'il représente bien le dolmen classique.

DOLMEN DE CLAIRFAGE
(Dessin de M. Michel Soulié).

Si du Sud de la ville de Tulle nous passons au Nord, en prenant la route nationale n° 120 de Tulle à Limoges, nous arrivons à SEILHAC (14 kilomètres). A gauche de la route, aussitôt après la sortie du bourg, se détache sur le ciel le puy des Ferrières, à mi-chemin duquel se trouve le *Menhir* dit *Pierre bouchère* (désignation caractéristique). C'est une aiguille en granit euritique, marqué de légers cristaux de grenat. Elle a trois mètres de hauteur et un pourtour d'environ 2 m. 10 centimètres, au ras du sol. — Elle est fichée à environ 460 mètres d'altitude.

Dans la commune d'ALTILLAC, au Nord-Ouest du bourg, entre le village de La Borderie et celui de la Palide, à gauche du chemin, voici, tout près l'un de l'autre, deux dolmens. Ce sont des dalles en gneiss. Les tables recouvrant les cellæ, qui sont ouvertes à l'Orient, forment un angle avec le sol. Une de ces tables mesure 3 mètres 35 centimètres de longueur et 1 mètre 80 de largeur. — La seconde mesure 3 mètres sur 2 mètres 30 centimètres. Leur épaisseur varie de 0 m. 35 c. à 0 m. 45 c. — Ces deux dolmens sont à une altitude de 450 mètres, et à une distance de 3 kilomètres, à vol d'oiseau, de la ville de Beaulieu.

Dans la commune de LAGRAULIÈRE, à moins de 4 kilomètres du bourg, dans le bois de Joujou, se trouve un dolmen dont la table a la forme d'un coin à fendre le bois, c'est-à-dire celle d'un prisme, avec deux faces très allongées. Elle est posée sur trois autres pierres à environ 0 m. 80 centimètres au dessus du sol. La partie supérieure de la table est plate et de niveau : la partie inférieure, qui repose sur les piliers, est aussi plate, mais a une forte inclinaison, en raison de la forme presque triangulaire de la pierre. Cette table mesure un mètre quatre-vingt-douze centimètres au bout le plus large, et un mètre dix à l'autre bout. Son épaisseur est de soixante-quinze centimètres au petit bout et soixante-quatre centimètres au bout le plus large.

Deux des piliers qui la supportent sont bruts, méplats et arrondis dans la partie supérieure. Ils ont environ quatre-vingt centimètres de hauteur au-dessus du sol, un mètre quatre-vingt de longueur et une épaisseur moyenne de soixante-cinq centimètres. — Ils sont placés à droite et à gauche, sous la table, et le troisième pilier est posé debout à une extrémité des deux autres, de façon que les trois pierres réunies forment une sorte de cella très serrée, la table faisant toiture.

Les piliers sont des pierres erratiques, mais la table a ses angles presque vifs. Tout autour de ce dolmen, sur un périmètre d'environ trente à trente-cinq mètres, se trouvent des blocs erratiques semblables à ceux des piliers ; ils sont a demi enfoncés dans la terre et disposés en forme de cercle (légèrement ovale, sauf quelques blocs qui ont probablement été déplacés, au nombre d'une douzaine). Leurs dimensions varient de un mètre à deux mètres cinquante centimètres de longueur et quatre-vingt centimètres à un mètre cinquante de largeur. Ils sortent de terre d'environ cinquante centimètres à un mètre vingt centimètres. Le vide qui existe entre chacun d'eux varie entre un mètre cinquante et quinze mètres. Il est presque certain que les blocs que l'on voit épars, à proximité de ceux-ci, ont été roulés et pris dans les vides de cette sorte d'enceinte dont le dolmen occupe presque le centre.

Ne serait-on pas ici en présence d'un *Cromlech* ? — L'altitude du lieu est d'environ 460 mètres.

Encore dans la commune de Lagraulière, à environ un kilomètre du moulin du Peyroux, mais sur la rive opposée du Brézou, où se trouve ce moulin (3 kil. du bourg de Lagraulière), on rencontre les ruines d'un ancien moulin et une petite digue en assez bon état. C'est là, à environ 50 mètres du ruisseau, que se trouve un *menhir* mesurant un mètre quarante centimètres au-dessus du sol. La pierre est brute, en forme d'obélisque ; la base est de quatre-vingt centimètres sur deux faces et cinquante centimètres sur deux autres. Cette pierre va en s'amincissant dans sa hauteur, mais elle a cependant encore soixante-dix centimètres de façade vers sa cime et vingt centimètres de côté.

A peu de distance de ce Peulvan, s'en trouve un autre, mais il a été cassé et la moitié gît sur le sol.

Toujours dans cette commune de Lagraulière, avant d'arriver à l'Etang neuf (1500 mètres du bourg) au milieu d'un champ dit le Fromental, derrière un monticule couvert d'arbres rabougris, on voit une sorte de pyramide se détachant sur le ciel. Ce monument isolé, dans un champ dénudé, à une altitude de 370 mètres, produit un effet assez bizarre. Il est très curieux, tant par sa forme que par sa composition qui ne tiennent ni du menhir ni du dolmen (plutôt du premier).

MONUMENT MEGALITHIQUE DE LAGRAULIÈRE

Ce mégalithe est un assemblage de trois blocs de granit bruts posés debout : Deux sur le sol et le troisième, aussi vertical, sur les deux premiers. Les deux qui touchent le sol sont de forme oblongue sur deux côtés, et méplats sur deux faces. Ils sont appliqués l'un contre l'autre, laissant dans le haut une échancrure dans laquelle vient se loger la troisième pierre qui est en forme de coin.

Les deux roches de base ont deux mètres dix centimètres de hauteur hors de terre, leur largeur, au ras du sol, est de un mètre soixante-dix centimètres chacune.

La pierre, posée verticalement sur les deux premières, a trois mètres de hauteur. Elle est encastrée entre les deux autres à une profondeur de un mètre trente centimètres. L'ensemble du monument a une hauteur totale de trois mètres quatre-vingt centimètres, et la circonférence prise au milieu de la hauteur est de quatre mètres soixante centimètres.

On le voit, ce n'est ni un *menhir*, puisqu'il y a trois pierres, ni, un *dolmen*, puisque la pierre supérieure est verticale, comme les deux premières, et qu'elle n'a absolument pas la forme d'une table. — D'autre part les deux piliers étant appliqués l'un contre l'autre, il n'y a pas de *cella*.

On a voulu y voir « une pointe de filon éruptif de roche granitique qui s'est effeuillée en trois morceaux, comme un centre d'artichaux. » C'était l'opinion émise par M. de Mortillet, président de la commission mégalithique de Paris. Cette définition est probablement erronée, et si M. de Mortillet, au lieu de se prononcer sur la présentation d'une photographie, avait vu le monument lui-même, il n'aurait pas douté que ce mégalithe est bien le fait de la main de l'homme. Des fouilles faites à la base le prouveraient certainement.

La Commission ministérielle compétente ne pourrait-elle pas attribuer quelques fonds pour l'étude et les fouilles à faire afin de reconnaître et déterminer ce curieux mégalithe ?

Au surplus, tout auprès de ce monument d'un nouveau genre se trouve, m'assure-t-on, à quarante centimètres sous le sol, une grande dalle de granit amphibolique, comme les trois pierres elles-mêmes. Cette *table* mesure environ quatre mètre de longueur, près de deux mètres de largeur et une épaisseur de quarante centimètres.

Ne serait-ce pas la table d'un dolmen ? Quelques fouilles autour de ces pierres nous le diraient.

Non loin de là se trouve une autre pierre qui attire l'attention. Elle a la forme d'une table de dolmen mesurant 2 m. 10 de long sur 1 m. 30 de large, hors du sol, car au lieu d'être couchée à plat, elle est dressée sur champ presque verticalement. Les deux faces sont régulièrement unies avec une épaisseur de 0 m. 35 centimètres. — Comme le sol est mouvant, cette pierre doit être enfoncée profondément, ce qui pourrait faire croire qu'elle a autant de largeur que de longueur.

A très peu de distance de la ville d'UZERCHE (1 kilomètre à peine), sur la rive droite du ruisseau de la Forge, tout près du moulin de la Borde, se trouve le *dolmen* du *Pré de la Pierre*.

A cinq kilomètres au Nord-Est du bourg d'EYBURIE, près du château du Verdier (ancien manoir des comtes de la Marche), dans une bruyère, près de la cabane d'un bûcheron, à environ 400 mètres d'altitude, on voit un dolmen (?) formé d'une pierre dressée et d'une autre branlante.

Enfin dans la commune de VEIX (canton de Treignac), à 6 kilomètres de cette dernière ville, au sommet du Puy Pontou (près de 800 mètres d'altitude), se trouve l'énorme et bien curieuse pierre connue dans le pays sous les noms de *Pierre de la bergère*, — *Pierre* ou *autel des druides*, enfin *Pierre qui tourne* ; bien qu'elle soit immobile. C'est une pierre à bassins, (ils y sont au nombre de deux), ayant chacun environ 0 m. 40 à 0 m. 45 de diamètre et 0 m. 08 à 0 m. 10 de profondeur. — La légende veut que cette énorme pierre ait servi aux sacrifices humains.

Cet énorme bloc, dressé au milieu d'un paysage sauvage, sur un monticule conique, isolé de la chaîne des Monédières, qui l'entoure et le domine, n'est autre qu'une table de granit longue de trois mètres cinquante centimètres avec une épaisseur moyenne de soixante centimètres. En voici un dessin dû à l'habile crayon de M. Michel Soulié, professeur au lycée de Tulle.

PIERRE DE LA BERGÈRE DU PUY PONTOU

Dans la COMMUNE DE SAINT-CERNIN-DE-LARCHE, à environ 300 mètres du dolmen de Lapalain (vers l'est) s'élève le puy de *Buffo-Ven* (278 m. d'altitude) couronné par les vestiges d'un dolmen. La table a disparu, seuls les supports restent encore.

Enfin à 600 mètres environ, au nord du puy de Lapalain, à 200 mètres de l'embranchement du chemin qui se dirige vers Chavagnac, sur le point dit *Petit Puy*, se trouve un quatrième dolmen (?) celui de *la Tombe de l'Homme mort.* — Il ne reste encore ici que les supports (bien dégradés) la table a disparu. La cella, où gît un des supports, est peu visible. On y a découvert un squelette humain..... peut-être pas très ancien.

Dans la même commune de Saint-Cernin-de-Larche, sur les confins de celle de Chavagnac, au bord d'un plateau dénudé, dit le puy de Lacour, se distingue une petite enceinte de forme ovale dite du *Ro-Blanc*. Elle est composée de deux rangées concentriques de petites dalles calcaires enfoncées sur champ dans le sol. L'intervalle libre, entre

les deux rangs de pierres, est rempli de terre et mesure
0 m. 60 centimètres. Le grand axe de l'ovale intérieur est
de 16 mètres. L'entrée de cette enceinte est au nord-ouest
et mesure 2 m. 50. A sa gauche se voit un mur de séparation, aussi en dalles fichées debout, avec dans son milieu
un vide permettant la communication entre les deux com-
partiments.

On a cru voir ici un cromlech, mais, après étude, M. de
Mortillet, le savant fondateur du *Recueil des matériaux
pour l'histoire positive et philosophique de l'homme*, a
émis l'hypothèse que l'on se trouvait en présence de la
base d'une habitation antique (le *Tugurium* latin, *Tugurio*
des italiens : hutte, chaumière) les gens du pays, nomment d'ailleurs cette enceinte la *Grange de la Cournille*.
Elle est à 250 mètres d'altitude.

Tout auprès de cette *grange* se trouvent deux petits
Avens, dont l'un va passer, dit-on, sous l'enceinte.
Il y a un an environ, lorsque je visitais la contrée, ces deux
Avens me firent l'effet du dépotoir de toutes les charognes
du pays, ils étaient remplis d'ossements d'animaux. — Je
le signalais à M. le docteur R. Laffon, maire de la commune, qui m'a fourni divers renseignements avec son livre
les *Annales de Saint-Cernin-de-Larche*. M. Lalande est
descendu dans ces deux avens ; ils n'ont pas plus de 2 à 3
m. de profondeur, nous a-t-il écrit.

Dans la commune de NOAILLAC, canton de Meyssac,
au sommet du puy de la Ramière (502 mètres d'altitude),
au centre d'un tumulus de 40 mètres de circonférence et
d'un faible relief, se voient encore deux dalles, en grès
rouge, formant une *cella* rectangulaire de 2 mètres de longueur sur 1 mètre 15 centimètres de largeur ; la table qui
recouvrait la chambre a disparu. Le fond est formé par
un mur droit en pierres brutes.

A environ 1500 mètres du bourg d'ESTIVAUX, canton

de Vigeois, s'élève le plateau des Rejaudoux (430 m. d'altitude) d'où l'on jouit d'un magnifique panorama sur les
montagnes d'Auvergne. Les Monédières, le mont Gargan,
les collines de Pompadour, le pic d'Yssandon se dressent
successivement devant le regard étonné et ravi. C'est sur
ce plateau, à 40 mètres environ du chemin conduisant à
Saint-Bonnet-l'Enfantier, dans un champ (section C. N°
244 du plan cadastral) que se trouve le dolmen dit *Peyro-
levado*. Il est orienté de l'Est à l'Ouest.

La table, de forme ovale, mesure trois mètres cinquante
cent. dans sa plus grande longueur, et deux mètres cinquante
dans sa plus grande largeur. — Son épaisseur est approximativement de trente-cinq centimètres. Elle a le dessus
assez irrégulier, mais le dessous uniformément plat. — Les
trois supports ont des dimensions sensiblement différentes. Celui de la face Est a un mètre de hauteur au dessus
du sol, un mètre de largeur dans le haut et seulement
quatre vingt centimètres à la base. — Les deux de la face
Ouest mesurent, l'un un mètre cinquante de hauteur, soixante quinze centimètres de largeur et quarante centimètres d'épaisseur. L'autre un mètre cinquante de hauteur,
un mètre cinq centimètres de largeur dans le haut et un
mètre trente-cinq à la base, sur cinquante-cinq centimètres d'épaisseur.

Ce dolmen fut maladroitement fouillé, en 1864, ce qui
causa la chute du pilier Est qui gît actuellement à terre,
dans l'humus. On y trouva des perles en jayet et quelques
tessons de poterie rouge lustrée de l'époque romaine ; ce
qui semblerait prouver que des fouilles très anciennes y
avaient déjà été pratiquées.

Une seconde fouille fut faite en 1861, aussi maladroitement que la première, et les deux piliers de la face Ouest
glissèrent, de sorte que, actuellement, la table est à moitié renversée. La restauration de ce beau monument serait
facile et peu coûteuse. — Une demande de classement
vient d'être faite par Mme veuve Péjoine, propriétaire du

sol. Il est à souhaiter que l'Administration fasse diligence pour ce classement.

A une centaine de mètres de ce premier dolmen s'en trouve un second. Il est dans une bruyère, mais les piliers ont été débités et utilisés à une construction dans le bourg d'Estivaux. — La table seule reste. Elle mesure deux mètres quatre-vingt-dix centimètres de longueur et un mètre soixante-quinze centimètres de largeur. Son épaisseur moyenne est de trente-cinq centimètres.

Nous avons déjà parlé d'AUBAZINE, en nous occupant des monuments mégalithiques *classés*, mais il y a aussi dans cette commune d'autres mégalithes intéressants, tel le dolmen d'*El bos Ayretié*, dont la table en gneiss a été arrachée de ses supports et rejetée contre une des dalles latérales qui constituent la cella.

Ce dolmen est formé de trois piliers sortant de terre à une hauteur d'environ 1 m. 60. L'un d'eux a environ 2 m. 50 de longueur, l'autre 2 mètres ; le troisième 0 m. 80 centimètres. La table, triangulaire, a 3 mètres de long sur 2 mètres du côté large, et une épaisseur approximative de 0 m. 30 centimètres. — Elle a été cassée vers le sommet du triangle, il y a peu de temps, puisque j'ai retrouvé à côté le morceau qui en avait été détaché.

La cella, dont l'entrée est orientée à l'Est, a environ 2 m. 50 de longueur. La table qui la recouvrait forme, avec les piliers, une sorte de toiture fortement inclinée.

Il serait facile et peu coûteux de remettre ce dolmen en bon état.

A peu de distance du dolmen d'El-bos-Ayretié, m'écrit M. Ph. Lalande, existait, en 1865, trois petits peulvens sur un arc de cercle de 10 mètres, ce qui permet de supposer que ce dolmen était entouré d'un cromlech ; depuis lors, ils ont disparu.

Pour en terminer avec l'arrondissement de Brive, nous citerons le dolmen, qui se trouve près du hameau de Labrande, commune de BRIVE. Il est sur un tumulus, mais la table a disparu et il n'a pas grand intérêt.

Passant dans l'arrondissement d'Ussel, nous prenons la ligne ferrée de Tulle à Clermond-Ferrand, qui nous conduit à Monestier-Merlines (station Eygurande-Merlines). De là, par un chemin vicinal de grande communication, nous nous dirigeons vers LAMAZIÈRE-HAUTE (5 kil.). Entre le bourg de Lamazière et le village de Chevastel, sur la gauche du chemin, à plus de 800 mètres d'altitude, nous voyons *lo Peïro-Fado. Pierre de la fée* (1) ainsi

DOLMEN DE LA FEE ou PEIRO PECOUNIEIRO
Vue du côté Sud.
Dessin de E. Rupin. — *Bul. de la Soc. arch. de la Corrèze).*

(1). — Comme toujours il y a ici une légende, celle de la fée qui transporta la table sur sa tête et les piliers dans son tablier, pour se construire un banc où elle venait se reposer en gardant son troupeau.

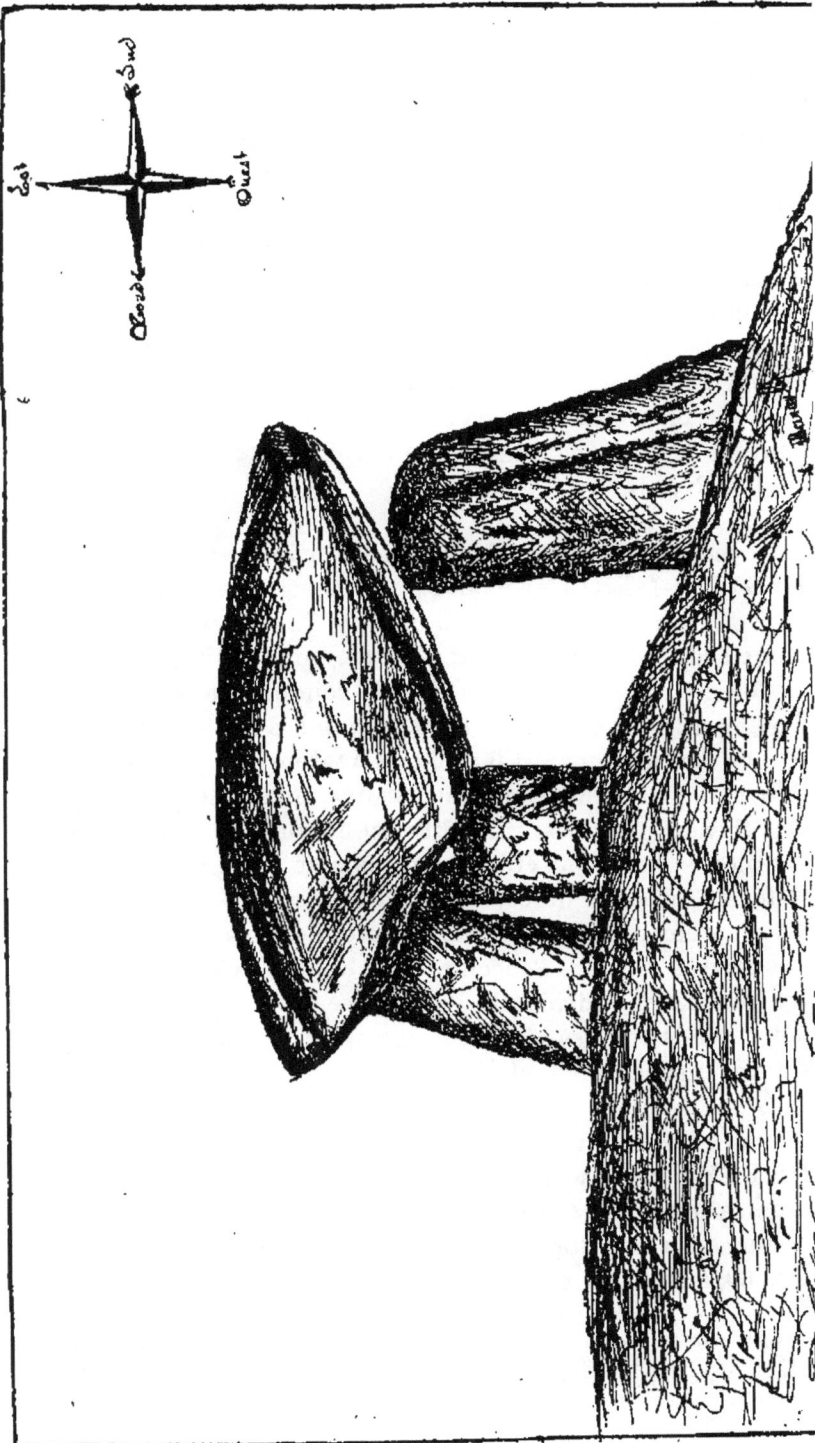

Vue du côté Nord.
Dessin de M. A. Marouby.

que la nomment les campagnards du pays ou encore
lo Peïro pécounieiro ou *pécoulieiro* (1). C'est le dolmen
de Lamazière. Il se compose d'une table de gneiss d'un
peu moins de 3 mètres de longueur, sur une largeur
d'environ deux mètres, et une épaisseur de 0 m. 70
centimètres ; supportée sur trois piliers bruts d'environ
0 mètre 90 de hauteur, pour les deux situés de côté Nord, et
plus d'un mètre 50 pour celui placé du côté Sud. Près de
celui-ci s'en trouve un quatrième qui a été renversé. La
hauteur des piliers indique que cette table est inclinée du
Sud au Nord.

Revenons à la gare d'Éygurande-Merlines, et de là à MO-
NESTIER-MERLINES (500 mètres). Entre l'église du
bourg et le petit plateau qui domine le Chavanon, au milieu
d'une bruyère dite de Frette *(Freta)*, à une altitude de plus
de 700 mètres, à gauche du chemin conduisant au moulin
de Lagarde, se trouve, sur un tumulus d'environ 15 mètres de circonférence et 0 m. 60 de hauteur, un petit cromlech composé de dix pierres brutes, plantées en cercle
et s'élevant à environ un mètre au dessus du sol. Parmi
ces pierres, trois ont été renversées, par suite des fouilles
faites à l'intérieur du cercle, qui a 2 mètres 30 centimètres
intérieurement. — L'entrée du cromlech est à l'Orient.
Les pierres formant l'enceinte sont appuyées les unes contre les autres. A droite de l'entrée se voit un bloc, moins
large que les autres, fiché en terre, en dehors du cercle,
comme une sentinelle destinée à garder cette entrée.

Pour nous rendre au hameau de Brassey, COMMUNE
DE FEYT, nous suivons le chemin vicinal de grande communication N° 22 (7 kilomètres) et nous voici en face d'un
dolmen en ruine dont la table de granit, longue de 2 mètres 60, large de 2 mètres, repose sur le sol par une de ses

(1 *Pecour* ou *Pecoul*, qui en patois du pays signifient colonne, pilier, pied. — *Lous pecouls d'uno tsodieiro, d'uno taoulo* — Les pieds
d'une chaise, d'une table. — *Pécoulia* mettre un ou des pieds à un
meuble. (Dic. patois d'Anne Vialle).

CROMLECH DE MONESTIER-MERLINES
Dessin de M. A. Marouby.

extrémités, relevée à l'autre par deux supports : c'est le *demi dolmen*. On assure que ce monument n'a jamais été fouillé, il est à une altitude de 768 mètres.

Reprenons le chemin vicinal N° 22 et rendons nous à LAROCHE - PRÈS - FEYT (6 kilomètres). « Entre ce bourg et le village de Montdavis, au milieu des pacages, à environ 750 mètres d'altitude, se voit un dolmen orienté du Nord-Est au Sud-Ouest. Sa table a 2 m. 60 de longueur, 1 m. 70 de largeur et 0 m. 70 d'épaisseur. Les deux supports du Nord-Est ont 0 m. 80 de hauteur, et la grosse pierre qui soutient la table au Sud-Ouest a 1 m. 10 de hauteur. » — C'est exactement ainsi que M. Longy décrivait le dolmen de Laroche « qui n'a pas encore été signalé » écrivait-il en 1893. Voici le dessin qu'en donnait M. Longy.

Il y a en Corrèze, en dehors des dolmens et des peulvens proprements dits des roches intéressantes qui ont toutes les apparences de mégalithes. M. Ph. Lalande a bien voulu nous signaler quelques pierres curieuses en ce genre, bien que l'homme ne soit pour rien dans leur assemblage. Telles sont deux pierres à bassins, dites *Autels des druides* situées près du hameau de la Voulte, commune de VIAM (canton de Bugeat). Mais un ingénieur, dit M. Lalande, a éprouvé le besoin d'en faire du cailloutis !. » Oh ! le génie... malfaisant ! —

Autre pierre à bassin se trouvant sur le plateau qui domine le champ de tir de la garnison de Brive, près du Chèvre-Cujol. C'est un bloc de grès du trias (*le brasier*, comme on dit à Brive), avec un bassin dans son milieu.

Ce bloc, de médiocre dimension, présente une cavité hémisphérique de 0 m. 52 cent. de diamètre avec un rebord du côté sud qui est échancré pour former le siège en forme de chaise basse ; le bord inférieur de l'échancrure s'abaissant jusqu'à 0 m. 35 centimètres au-dessus du sol. — Mais ne peuvent s'y asseoir que ceux qui n'ont pas un

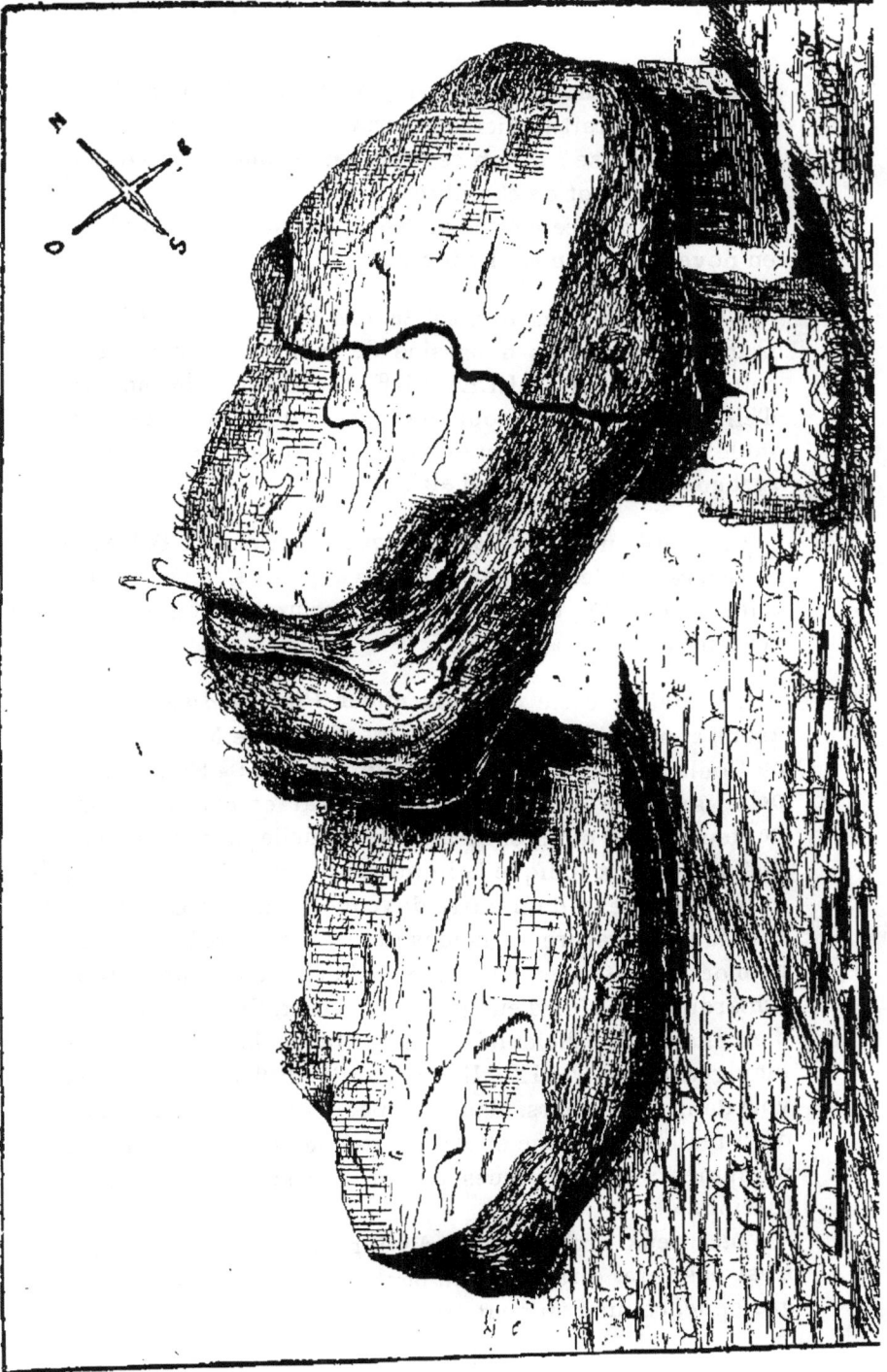

DOLMEN DE LAROCHE-PRÈS-FEYT

large postérieur. — M. Rupin, de regrettée mémoire, à qui l'on montrait la pierre, s'écria :

Ça une chaise ?... Non ce n'est pas la chaise du Diable !
.. c'est son pot de chambre !

« Je l'ai trouvée bien dégradée m'écrivait M. Ph. Lalande en novembre dernier. Et il ajoute :

« A 20 kilomètres au nord de VIAM se trouvent les remarquables pierres à bassins de la montagne du Rat, commune de PEYRELEVADE, canton de Sornac. Une d'elles peut passer pour un grand dolmen ; c'est une table en granit avec bassins, reposant sur deux saillies rocheuses, à 830 mètres d'altitude.

« Ces prétendus *autels druidiques* sont encore l'objet de la vénération des indigènes, une chapelle s'élève à proximité, et, en 1890, ces lieux étaient encore le but d'une procession annuelle. »

Au sujet de cette chapelle et des *Pierres du Rat* nous avons consulté le *Dictionnaire du diocèse* de M. le chanoine Poulbrière, et voici ce que nous y lisons : « Elle (la chapelle) avoisine le gros village du Rat et couronne une hauteur de 830 mètres, au pied de laquelle un rocher marqué d'une croix indique la limite d'un autre diocèse, d'une autre paroisse et d'un autre doyenné, celui de Gentioux. Froide température et landes immenses, percées çà et là de blocs granitiques, dont ceux de la chapelle sont les plus remarquables. L'un d'eux porte une croix, dernière station d'un *via crucis* échelonné sur la pente de la montagne et indulgencié par Pie IX. Il me paraît difficile de ne pas voir dans ces rochers, dans un particulièrement, la trace du travail de l'homme et de ne pas les ranger parmi les monuments mégalithiques, compte fait surtout de leur situation. »

Voici deux archéologues distingués en désaccord, cela n'est pas rare, dira-t-on (on peut être archéologue et pas géologue, comme on peut être l'un et l'autre).

Nous avons voulu nous faire une opinion personnelle et nous avons visité et étudié avec soin la montagne du Rat. Nous n'y avons trouvé absolument que les traces de l'ensemble des phénomènes de dégradation auxquels sont soumises, de la part des agents athmosphériques toutes les parties de l'écorce terrestre et notamment celles qui, comme les roches du Rat sont situées à une altitude élevée, dans une contrée dénudée et sujette aux variations de température. Ces prétendus monuments mégalitiques n'ont jamais été construits par l'homme, et ce sont de simples érosions qui ont fait le travail sur la *Pierre branlante* comme la nomment les gens du pays.

Nous connaissons aussi la *Pierre vascillante* qui est à peu de distance du bourg de VEYRIERES, canton de Bort. C'est un monolithe de quatre mètres de hauteur et un mètre cinquante de diamètre posé verticalement. Le moindre choc lui imprime un balancement très sensible et prolongé.

Cette pierre est citée dans les *Merveilles de la France*, où il est dit : « On a cru, mais à tort, que cet énorme silex *(sic)* était une pierre divinatoire de l'époque druidique. C'est simplement un monument inexplicable de la nature. » (1)

Il y a peu (mars 1911) M. **Ph**. Lalande nous écrivait ceci :

« Pour mémoire : commune de LAROCHE-PRÈS-FEYT, près du hameau de Montelbouilhou, bloc de granit isolé, simplement posé sur le sol, dit : *Pierre de la fée.* — Les paysans y voient les traces laissées par les pieds de l'être fantastique : j'y ai vu de simples érosions. »

Enfin terminons cette notice sur les mégalithes en mentionnant une pierre qui se trouve dans la commune de COMBRESSOL (canton de Meymac) au lieu dit *Le Tri-*

(1) Ce *silex* est du *granit !*

cout. C'est une table de granit longue de 2 mètres 10 centimètres, posée sur deux roches parallèles, mais *en place,* nous voulons dire tenant au sol. — A-t-on utilisé ces

PIERRE DE LA FÉE DE LAROCHE-PRÈS-FEYT
(Dessin de E. Rupin. — *Bul. de la Soc. arch. de la Corrèze).*

roches ainsi disposées, ou bien nous trouvons-nous en présence d'un bloc erratique ?...

Encore un mégalithe que nous allions oublier, il n'est pas bien important il est vrai, mais il compte. Il est situé près du hameau de Marly dans la commune de MARGE-RIDE, canton de Bort, arrondissement d'Ussel, à près de 700 mètres d'altitude.

. Résumant ce que nous venons de dire, nous trouvons en Corrèze :

Quatre menhirs : Argentat ; — Seilhac ; — Lagraulière 2.

Cinq cromlechs : Aubazine 2 ; — Feyt ; — Monestier-Merlines ; — Lagraulière (?).

Vingt-deux dolmens : Beynat ; — Espartignac ; — Sainte-Fortunade ; — Altillac 2 ; — Lagraulière ; — Uzerche ; — Eyburie ; — Saint-Cernin-de-Larche 4 ; — Noaillac ; — Estivaux 2 ; — Aubazine ; — Brive ; — Lamazière ; — Feyt ; — Laroche-près-Feyt ; — Combressol (?) ; — Margeride.

Enfin *cinq ou six pierres à bassins*. Ensemble près de quarante mégalithes.

MONUMENTS PREHISTORIQUES

Les Tumulus

Le mot vient de *tum* (élévation) en langue celtique. On nomme aussi les tumulus *tombelles*, *mallus* ou *barrow* (de *bar* qui en plusieurs langues signifie colline, élévation). Le tumulus est une butte artificielle de terre ou de pierres amoncelées, qu'il ne faut pas confondre avec la motte féodale.

Il y a plusieurs sortes de tumulus : 1° les *Bowl barrow* ainsi nommés à cause de leur forme ronde: les *tumulus boules*. — 2° les *tumulus larges* qui ressemblent beaucoup aux tumulus arrondis, mais leur diamètre est bien plus considérable; ils ont peu de hauteur et une grande largeur. — 3° les *tumulus allongés* ressemblant souvent à la moitié d'un œuf, coupé sur la longueur, qui serait posé sur le côté

plat et dont la partie convexe serait en dessus. Le diamètre des deux extrémités est quelquefois si différent que
leur plan se rapproche de la forme triangulaire. — 4° les
tumulus coniques, généralement les plus petits, sont quelquefois entourés d'un petit fossé. — 5° les *tumulus géminés* sont, comme l'indique le nom, deux petits tumulus
accolés, mais ils sont très rares. — 6° les *tumulus-cloches*
parce qu'ils ont la forme d'une cloche. — Enfin le *tumulus
druidique* qu'on ne trouve guère qu'en Angleterre.

Tout ce qui précède, dit pour permettre la classification
des tumuli de la Corrèze.

Voici une liste que je dois en majeure partie à M. Philibert Lalande, de Brive, qui s'est spécialisé dans l'étude des
monuments préhistoriques et antiques du département de
la Corrèze.

Dans l'arrondissement de Tulle on trouve : 1° COMMU-
NE DE NAVES au lieu dit de CHAUNAC, un grand tu-

TUMULUS DE CHAUNAC, PRÈS TULLE
Dessin de V. Forot.

mulus représentant un cône tronqué dont j'ai donné une
description et un dessin dans mon travail *Une Seigneu-*

rie du Bas-Limousin (1). La hauteur de ce tumulus est d'environ six mètres cinquante centimètres au dessus du sol. Sa forme est ovoïde, en plan. La plate-forme supérieure a dix mètres de largeur sur treize mètres de longueur. Les talus s'inclinent de 45 à 50 degrés.

Ce monument est à une altitude de 360 mètres et à environ 46 mètres au dessus du ruisseau de la Céronne qui coule au pied du monticule supportant le tumulus.

Le classement de ce monument s'impose, et nous serions reconnaissant à nos éminents compatriotes, M. Edmond Perrier, directeur du Muséum d'Histoire naturelle, et à son frère, professeur de Sorbonne, propriétaires à Chaunac, de nous aider à l'obtenir.

COMMUNE DE SAINT-PRIEST-DE-GIMEL, disent les auteurs qui ont parlé du tumulus du Puy de l'Aiguille, mais c'est COMMUNE DE SAINT-MARTIAL-DE-GIMEL qu'il faudrait dire, en parlant du Puy susdit, car son sommet est dans cette dernière commune, de même que les versants Sud, Est et Ouest. Seule une partie du versant Nord est dans la commune de Saint-Priest-de-Gimel. Quoiqu'il en soit, au Puy de l'Aiguille, dont le nom indique bien la forme, et qui est un des points culminants de l'arrondissement de Tulle (606 m.) on a fouillé, en 1867, un joli tumulus dans lequel on a trouvé des poteries brisées, un fond de casque en bronze oxidé, quelques boucles, un fragment de bracelet en bronze, un disque en verre, etc. Le compte rendu de ces fouilles a été publié dans les Matériaux pour l'histoire de l'homme 1867 p. 421-422. — Il reste encore quelque chose à faire .

Dans la COMMUNE DES ANGLES, au lieu dit le Couchierou, sur le flanc Ouest du Puy dit de César, se trouvent deux grands tumulus. L'un d'eux, allongé, mesure 115 mètres de pourtour à sa base, et a une hauteur de dix mètres environ. Le second est circuliare (tumulus

(1) Victor Forot, Une Seigneurie du Bas Limousin — Paris 1906.

barrow) la circonférence de la base est de 40 mètres et la hauteur de 8 mètres environ. L'altitude du puy est de 420 mètres.

Des fouilles, assez maladroites, ont été faites dans ses tumulus, on y aurait trouvé des poteries : deux urnes, dit-on. De nouvelles recherches s'inposent.

A peu de distance des tumulus, on aurait constaté des traces de *Tuguria* de l'époque gauloise. (?)

Tout auprès de la ville d'UZERCHE, (dans la parcelle n° 57 du plan cadastral, section D) se trouve une énorme *motte* entourée d'un fossé à la base. (?) — Altitude 380 mètres.

Dans la COMMUNE D'EYBURIE, au lieu dit la Maison Rouge (2 kil. du bourg à peine) *tumulus allongé* de quarante-un mètres de tour et cinq mètres de hauteur.

A 1500 mètres plus loin, sur la rive droite de la Vézère, près du hameau de La Mazière, se trouve un second tumulus *circulaire* de cinquante mètres de tour, mais d'un faible relief. — Un troisième est à peu de distance du château du Verdier. Ni les uns ni les autres n'ont été fouillés, ce qui augmente leur intérêt. Ils sont situés à des altitudes variant de 317 à 380 mètres.

Dans la COMMUNE DE SALON-LA-TOUR, « deux *mottes* m'ont été signalées au Puy Hardy, nous écrit M. Ph. Lalande, sous bénéfice d'inventaire », mais nous lisons dans le *Bulletin des amis des sciences et arts de Rochechouart*, sous la signature de M. A. Masfrand : « le tumulus de Salon, situé à la Motte, près Beynac [?] a été fouillé par M. Dupetit, de Salon, qui y a découvert des ossements, des fragments de poteries, du charbon, du bronze et du fer. »

Dans la COMMUNE DE SAINT-YBARD, au Montfuma (Montagne fumée) et tout près du village de ce nom, à 487 mètres d'altitude, s'élèvent plusieurs tumulus dont cinq ont été fouillés par M. Eugène Brugère, qui a consigné les résultats de ces fouilles dans le Bulletin de la Société Archéologique de la Corrèze, t. xii, p. 287. Voici ce qu'il écrit :

« Il existe cinq tumulus dans la commune de Saint-Ybard; j'en ai fouillé un presque à fond, les autres n'ont été explorés que fort peu... D'après ce que j'ai pu observer, les corps n'ont pas été incinérés ; ils reposaient toutefois sur un lit de cendres et de charbons. Trois modes différents de sépultures ont été adoptés :

» 1° Abris funéraires formés par deux petits murs en pierres sèches recouverts de larges couverseaux, le tout entouré d'argile fort compacte mêlée de cendres et de charbons.

» 2° Même construction que ci-dessus, sauf que la sépulture était recouverte par des quantités de cailloux roulés. Puis même argile pétrie de la même manière.

» 3° Enfin, et c'est le mode le plus curieux, enfouissement dans un tronc d'arbre creux, entouré d'argile pétrie avec du charbon et de la cendre. J'ai trouvé une sépulture dans ces conditions qui s'était conservée d'une façon remarquable. Les rivures de l'écorce se voyaient parfaitement sur les parois.

» Dans les trois cas, comme je l'ai déjà dit, les cadavres avaient été déposés sur des lits de cendres et de charbons·

» En outre, des fosses avaient été creusées sur les bords d'un de ces tumulus ; je les prends pour des puits funéraires, comme au surplus il en existe beaucoup dans le bourg même de Saint-Ybard.

» J'ai recueilli dans mes fouilles:

» 1° Deux brassards en bronze hauteur 0 m. 08 ; diamètre 0 m. 09 sur 0 m. 08 ; 2° Un collier en bronze ; 3° sept bracelets en bronze ; 4° un bracelet en fer ; 5° un collier en ambre.

» Voici les pièces capitales ; mais j'ai également recueilli des débris de vases (l'un d'eux pourra être reconstitué) des silex taillés et un polissoir formé d'une espèce de minerai qui m'est inconnu... »

En réalité, voici trois sortes de sépultures : la première et la deuxième sont à peu de chose près les mêmes : c'est le *Kista* (Ciste) la troisième, qui fait l'objet d'une note de M. Ph. Lalande, est ce que les Allemands nomment le *todtenbaum* (arbre de mort) dont j'ai moi-même parlé, (après l'avoir vu) dans mon travail sur *le culte des morts* : Les Ouolofs pratiquent encore l'enterrement des chefs dans les baobabs (1).

Dans cette même commune, à la Vernouille, dans la parcelle 499 A, M. Octave Sengensse a signalé un tumulus « très tronqué aujourd'hui », disant : « Sous une sorte de petit dolmen recouvert de terre et composé de trois pierres servant de supports, et d'une quatrième formant couvercle, pierres ou blocs de quartz ferrugineux et spongieux dont les gisements les plus rapprochés ne se trouvent guère qu'à La Roche-l'Abeille, à 30 kilomètres, — était la *cella* ou cachette. Nous n'y avons recueilli que peu d'objets : morceaux de silex éclatés, bouts de flèches, grattoirs ou couteaux non polis ; un petit bracelet de femme ou d'enfant, en bronze ; du fer oxydé dans toute sa masse, lances ou coutelas ; et deux vases en poterie brune, modelée à la main et sans tour, dont un paraît une coupe à boire, et l'autre, plus grand, offre malgré son séjour si prolongé en terre, un dessin à chevrons argentés peints à l'alumine. Nuls ossements ; beaucoup de fragments de charbon de chêne et de châtaigner. »

Le tome XXII du *Bulletin de la Société archéologique du Limousin* a publié le résultat des fouilles faites dans le tumulus de la Vernouille. On y avait trouvé de la poterie, du bronze, du fer, une lance et une flèche en silex.

M. Sengensse note aussi qu'on a recueilli à diverses époques dans les champs deux belles haches de pierre polie. »

(1) Victor Forot : *Le culte des morts à travers le monde*, p. 113, etc Paris, Librairie de l'Art Français, 1907.

À CHAMBERET, canton de Treignac, arrondissement de Tulle, au lieu dit *Le Puy levé* se trouve un grand tumulus de 100 mètres de pourtour : (grand diamètre 27 mètres — petit : 21 mètres), relief : deux mètres.

Dans le canton de Mercœur, COMMUNES DE GOULLES et de SAINT-BONNET-LE-PAUVRE, on trouve onze tumulus circulaires de faible relief ; voisins les uns des autres, aux lieux dits Passevite (2 kil. au Sud du bourg de Goulles) ; La Calmette (500 mètres au Nord du précédent) ; le Puy d'Africon ; le Puy de Gouttes ; le Puy de Lacan ; Soubranne ; le Puy des Vialottes, etc. La circonférence des tumuli varie entre 25 et 60 mètres. L'altitude où sont placés ces tumulus varie de 570 à 600 mètres.

A MASSERET, un tumulus, qui a été fouillé, a donné un bracelet en bronze et des pointes de silex.

Tout près de MEILHARDS, canton d'Uzerche, on m'a signalé un tumulus inexploré au village de Laurière, à peu de distance du lieu dit le *Camp de César* (460 mètres d'altitude).

On m'a parlé encore de divers tumuli dans les landes aux environs du bourg de SAINT-PAUL, canton de Tulle. Je sais qu'on y a trouvé de nombreux débris gallo-romains.

Dans la commune de SOUDAINE-LA-VINADIÈRE, au Puy de Doignon, il y a trois tertres tumulaires. Le premier est un *tumulus circulaire* de soixante mètres de base et un mètre soixante-dix centimètres de relief. — Le second est *elliptique*, avec des diamètres de trente-un mètres et de vingt-un mètres. Son relief est d'environ deux mètres vingt centimètres. Il est distant d'environ cent mètres du premier.

Le troisième se trouve à environ 400 mètres de distance du second. Il a, à peu de chose près, la forme et les dimensions de celui-ci.

Dans cette même commune se trouvent trois autres

antiques sépultures : une au village de *la Bornerie*, une autre à *Vergnac* et la troisième au *Terrier*. Les altitudes où sont situés ces monuments varient entre 460 et 480 mètres.

Passant à l'arrondissement de Brive nous trouvons dans la COMMUNE DE NESPOULS, tout près du hameau de Fougères (entre Nespouls et Turenne, à travers les terrains de l'ancienne forêt de Turenne) — plusieurs tumulus formés de terre et de pierraille. Tous ont un faible relief et leurs diamètres varient entre cinq et dix mètres seulement. Les altitudes varient entre 320 et 360 mètres.

Le canton de LARCHE nous semble être le plus riche : guidé par M, le docteur Laffon — j'ai compté sur les plateaux des causses un nombre respectable de tumuli : 1° celui sur lequel est posé le dolmen de Lapalain, qui est a 276 m. d'altitude. De forme ovale, il a 28 mètres de diamètre sur son grand axe et 15 m. 50 sur le petit. Le relief est d'environ quatre-vingts centimètres.

Ce tumulus est formé par des dalles de pierre calcaire de 0 m. 20 à 0 m. 40 d'épaisseur. Il fut fouillé en 1865 par MM. Rateau et P. Lalande qui n'y trouvèrent rien autre que du charbon, des esquilles d'os, un petit morceau de fer et des tessons de vases. Quelques-uns de ces débris, d'origine moderne prouvèrent que des chercheurs inconnus avaient déjà visité le monument.

2° Toujours sur le puy de Lapalain, et à peu de distance du premier, vers le nord, existe un autre tumulus d'environ neuf mètres de diamètre. Fouillé en avril 1870 par MM. El. Massénat et Ph. Lalande, ils y trouvèrent un corps dont la partie supérieure avait été incinérée et la partie inférieure ensevelie. Les cendres de la partie incinérée étaient dans un vase en terre grossière, brisé en morceaux, avec un autre vase presque intact servant d'opercule. Les ossements de la partie inférieure étaient intacts ; à chaque tibias se trouvaient trois anneaux en bronze qui par leur forme indiquaient le premier âge du fer. On peut voir trois de ces anneaux au Musée de Brive. Les trois autres sont dans la collection de M. Ph. Lalande.

3° A 500 mètres du puy de Lapalain, en se dirigeant vers le Sud-Est, on trouve le puy de la Chassagne. Là se voit le dolmen dont nous avons précédemment parlé, qui est au centre d'un tumulus d'environ 50 mètres de circonférence. Comme celui de Lapalain, ce tumulus est construit en dalles calcaires. (Notons que toute la contrée est composée de calcaire se débitant assez facilement).

4° Autour de ce tumulus s'en trouvent six autres, plus petits, mais de même aspect. Ils ont été fouillés et ont donné des débris d'ossements humains, des tessons de poterie grossière et un petit anneau en bronze.

Non loin du puy de La Chassagne, mais dans la COMMUNE DE CHASTEAUX, près du hameau de la *Ménagerie*, on rencontre encore un tumulus de même aspect que les précédents, à une altitude de 240 mètres.

Dans la COMMUNE DE LUBERSAC on peut voir deux énormes tumulus *(las moutas* disent les paysans). Le premier est situé *aux quatre moulins*, sur la rive gauche de l'Auvezère, à droite de la route de Terrasson au Martoulet, à 2 kil. au nord de Lubersac. Ce monument à 87 mètres de circonférence et environ dix mètres de hauteur. Le second est situé au *guet de Monville* près de la jonction du ruisseau de Monville et de l'Auvezère, à 6 kil. nord-est de Lubersac, par la route de Lubersac à Masseret. Placé sur une éminence, ce tumulus a la forme d'un cône tronqué de huit mètres de hauteur sur cent quinze mètres de circonférence à la base.

Le premier tumulus est à 343 mètres d'altitude, le second à 370 mètres.

COMMUNE DE MONTGIBAUD, au lieu dit du *pré Schiovand*, presque aux confins des communes de Montgibaud et de Lubersac, à peu de distance de la route départementale N° 37 et du village de la Chapelle Antie, se voit un tumulus d'environ cent vingt mètres de circonférence à la base et dix mètres de hauteur (altitude 390 mètres).

Dans la COMMUNE DE SAINT-PARDOUX-COR-BIER, près du hameau de Corbier, se trouve un tumulus de même forme et de mêmes dimensions que celui du Guet de Monville. Il est à 400 mètres d'altitude.

Les quatre tumulus dont nous venons de parler sont dans le canton de Lubersac et encore intacts. C'est à tort que M. Rateau a publié qu'il y avait *cinq dolmens* dans ce canton, il a confondu avec les quatres tumulus. Il annonce aussi un dolmen près d'Arnac-Pompadour, mais nous n'en avons aucune connaissance.

Dans le canton de Meyssac, nous connaissons quatre tumulus, l'un COMMUNE DE NOAILLAC, au sommet

LA CHAISE DU DIABLE (Dessin de E. Rupin).

du puy de la Ramière (502 m. d'altitude) à peu de distance d'un dolmen en ruines. Les trois autres sont dans la

COMMUNE DE COLLONGES, près du village de la Chatie, tout au nord de la commune. Ces trois petits tumulus sont à peu de distance de la curieuse pierre en forme de siège (grés rouge) dite la *Chaise du Diable* décrite dans le *Bulletin de la Soc. Archéol. de la Corréze* en 1895.

Le canton de Vigeois possède, dit-on, plusieurs tumulus, nous ne connaissions que celui qui existait autrefois à la *motte du Doignon*, COMMUNE DE TROCHE, et qui fut rasé en 1858. On y trouva un petit vase et quelques tessons de poterie grossière.

M. A. Masfrand dit dans le bulletin de Rochechouart : « Tumulus de Troche, à la Rebeyrie, (qui est le même que la motte du Doignon) renfermait un petit vase à l'intérieur duquel on a trouvé une pierre à aiguiser, une fibule en or (?) ou amulette. »

Dans l'arrondissement d'Ussel, canton d'Eygurande, au bourg de LAROCHE-PRÈS-FEYT, qui est un chef-lieu de commune, se trouve un tumulus d'environ 95 mètres de circonférence et huit mètres de hauteur, ayant la forme d'un cône tronqué. Il y a quelques années, une croix couronnait le sommet de cet antique monument, et les croyants catholiques y allaient en procession implorer la vierge, à une altitude de 764 mètres.

Non loin de là, aux Fourieux, se voit un second tertre de même circonférence, mais à demi rasé.

Dans le canton d'Eygurande, au chef-lieu la COMMUNE DE FEYT, près du mur nord du presbytère actuel, se trouvait, il y a une soixantaine d'années, une *tombelle* surmontée, dit-on d'un *autel druidique*, ou d'un petit dolmen. — Cette curiosité mégalithique n'existe plus, M. Moussard, curé de la paroisse, la fit démolir vers 1850, les choux et les carottes du curé remplacèrent ce monument qui avait environ 3 mètres de hauteur, 12 à 15 mètres de long et autant de large.

M. le chanoine Poulbrière dit dans la *Semaine reli-
gieuse* (article concernant son dictionnaire des paroisses) :
« On ne manquera pas de remarquer au bourg même de
Laroche un tumulus de 28 à 30 mètres de diamètre, et
sur un sommet, à 300 mètres de là, dominant la Miouzette,
un autre tumulus échancré de main d'homme dans son
côté d'Ouest ».

Dans la COMMUNE DE MONESTIER-MERLINES, il
y a le petit tumulus dont nous avons parlé en nous occupant des mégalithes. Il a 15 mètres de circonférence et
soixante centimètres de hauteur.

A signaler aussi, dans la COMMUNE DE SAINT-
ETIENNE LA-GENESTE, deux tumuli qui se trouvent
près du hameau de la Boutange, à une altitude d'environ
58 mètres.

COMMUNE DE MESTES, canton d'Ussel, un tumulus,
aujourd'hui détruit, a fourni une belle épée en fer, en 1845.
En résumé, nous connaissons en Corrèze, près de soixante tumulus.

MONUMENTS ANTIQUES

La liste de classement officiel pour le département de la
Corrèze n'indique rien autre que les «*Arènes de Tintignac*»
commune de *Naves*, canton de Tulle. Or, ce qualificatif
d'*Arènes* est reconnu faux depuis de nombreuses années,
ce qui n'empêche pas les nomenclatures gouvernementales
de continuer à le donner, — Une correction s'impose pour
ne pas continuer à propager une erreur.

A 9 kilomètres de Tulle, par la route de ce chef-lieu à

Limoges, se voient encore les restes de ce qu'on a appelé les *arênes* de Tintignac. *Arênes* qui, en réalité, n'ont jamais été qu'un *théâtre*.

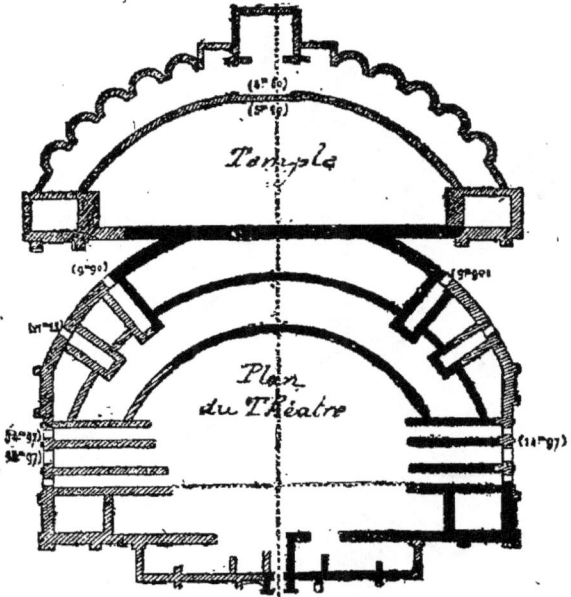

PLAN DU THÉATRE DE TINTIGNAC
(Dessin de V. Forot).

Nous avons fait ailleurs l'historique des fouilles opérées en divers temps par l'Etat et par les particuliers, nous prierons donc les lécteurs que cela intéresserait de vouloir bien se reporter à notre ouvrage : *Etude sur les ruines gallo-romaines de Tintignac (commune de Naves, Corrèze)* Imp. Crauffon 1904.

Nous avons déjà demandé que l'Etat protège les restes gallo-romains de Tintignac, qui sont rangés parmi les monuments historiques classés ; mais, jusqu'ici, rien n'a été fait pour empêcher la destruction de ces intéressantes ruines, qui (nous l'avons officiellement signalé) disparaissent petit à petit chaque jour.

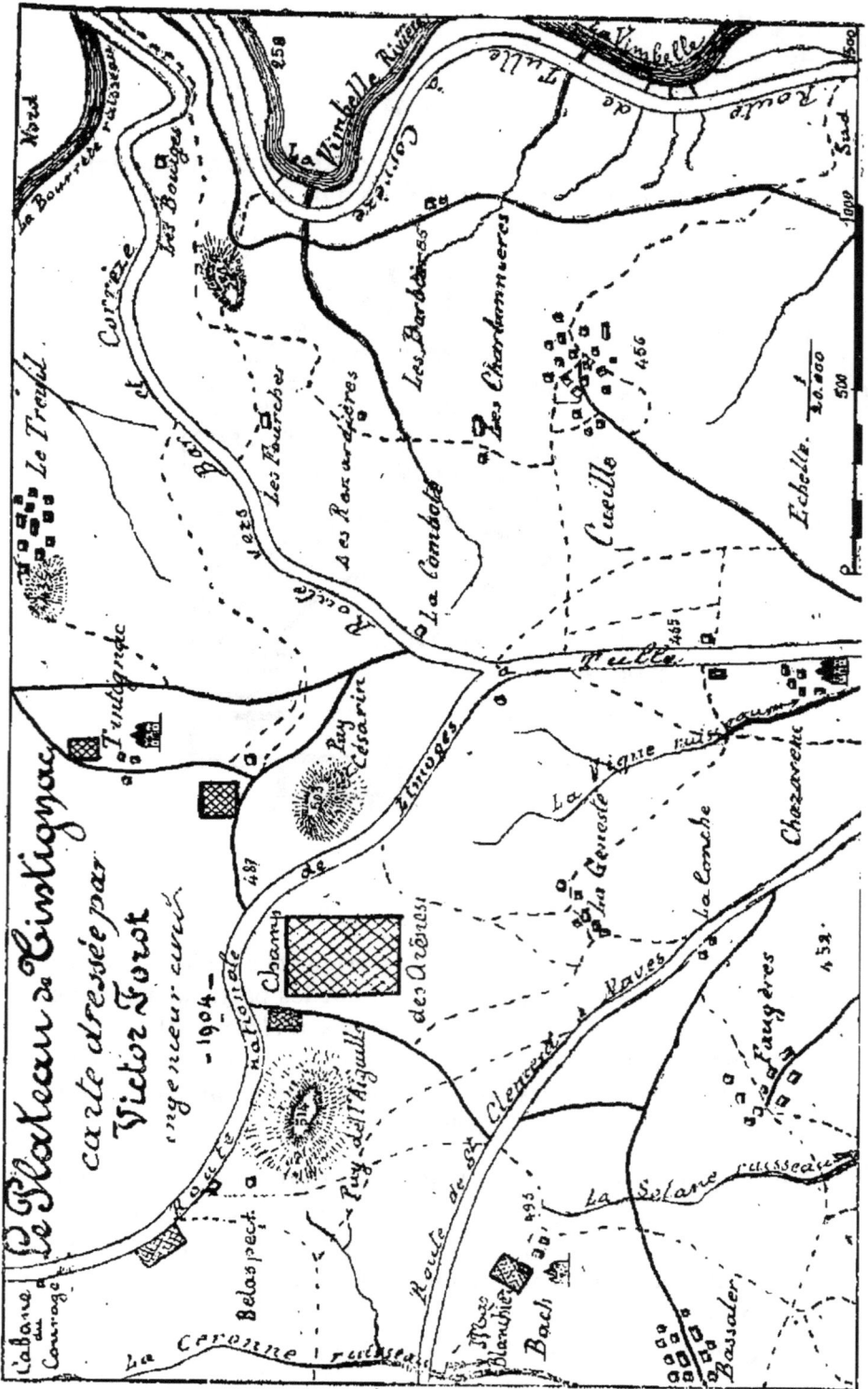

CARTE DE TINTIGNAC ET DES ENVIRONS (Dessin de V. Forot.

En dehors de ce classement officiel, on·pourrait citer
encore, quoique moins importants, beaucoup de points de
notre·département où les Gaulois et les Romains ont laissé des traces de leur séjour, ou de leur passage, mais il
nous semble bien difficile de donner ici une description de

VUE DES RUINES ACTUELLES DE TINTIGNAC

chacun de ces points; comme aussi d'entrer dans le détail
de toutes les trouvailles faites et se rapportant à cette
époque. Nous nous bornerons donc à citer les noms des
commune où ont été découverts quelques restes gallo-romains, et à indiquer, autant que possible, le point exact
où ont été faites les trouvailles que nous énumérerons
sommairement. Enfin nous donnerons une courte description des points principaux.

Commune d'Aix ; — près du bourg, traces de la voie romaines de Lyon à Bordeaux.

Commune d'Albussac : «Le puy de Roche-de-Vic, est un
cône tronqué aux pentes abruptes ; un fossé en circoncrit
le sommet. Ce fossé, dont le développement est d'environ

400 mètres, est interrompu au N.-N.-O. sur un espace de 60 mètres, par un escarpement de gneiss dont les éboulis offrent de loin l'aspect d'une majestueuse ruine ; ruine naturelle qui a vu toutes les révolutions du globe ! — Un sentier à travers les bruyères conduit de la route n° 140 à l'enceinte, en franchissant le fossé dont les terres ont été rejetées à l'intérieur. Le sommet, parsemé d'informes blocs de gneiss de toutes grosseurs, présente une surface ondulée, non aplanie, et que bossèlent deux mamelons coniques d'inégales dimensions ; le plus étendu supporte l'appareil géodésique, et le rustique piédestal de la statue qui a été érigée dans le col qui les sépare.

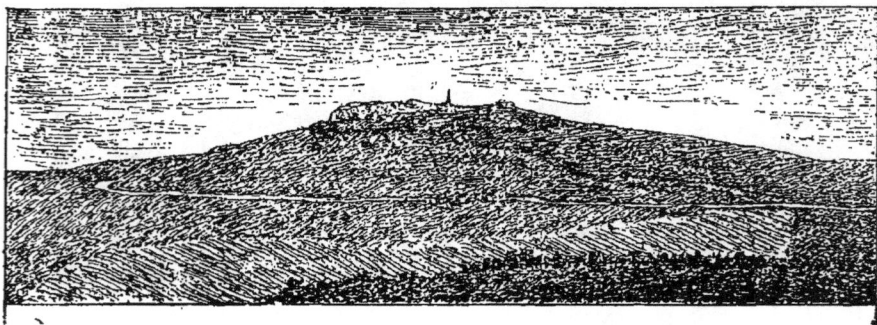

PUY DE ROCHE DE VIC (statue de la Vierge au sommet)
(Dessin du colonel Borie. — *Bul. arch. de la Corrèze*, t. XII, p. 69).

« Voici dans toute sa simplicité, et en quelques mots, l'exacte description : Enormes rochers au N.-N.-O ; fossé enserrant un espace assez restreint, de forme ovale irrégulière, dont le grand diamètre mesure de 110 à 115 mètres ; les deux tertres sont naturels. La main de l'homme ne se révèle que par la présence du fossé, profond encore d'environ deux mètres à certains endroits, et par un travail de terrassement... » (1)

Un auteur corrézien (2) dit « qu'on peut compter neuf » forteresses principales sur le plateau monumental de

(1) Philibert Lalande : *Roche de Vic*, dans le bul. de la Soc. Arch. de la Corrèze T. XII p. 72 et s.
(2) Annuaire de la Corrèze pour l'année 1831.

» Roche-de-Vic, sans énumérer les forts accessoires ou
» isolés qui s'y rencontrent. – Ces forteresses sont , Roc-
» de-Vic ; — Puy Chastellux ; – Puy des Fourches ; —

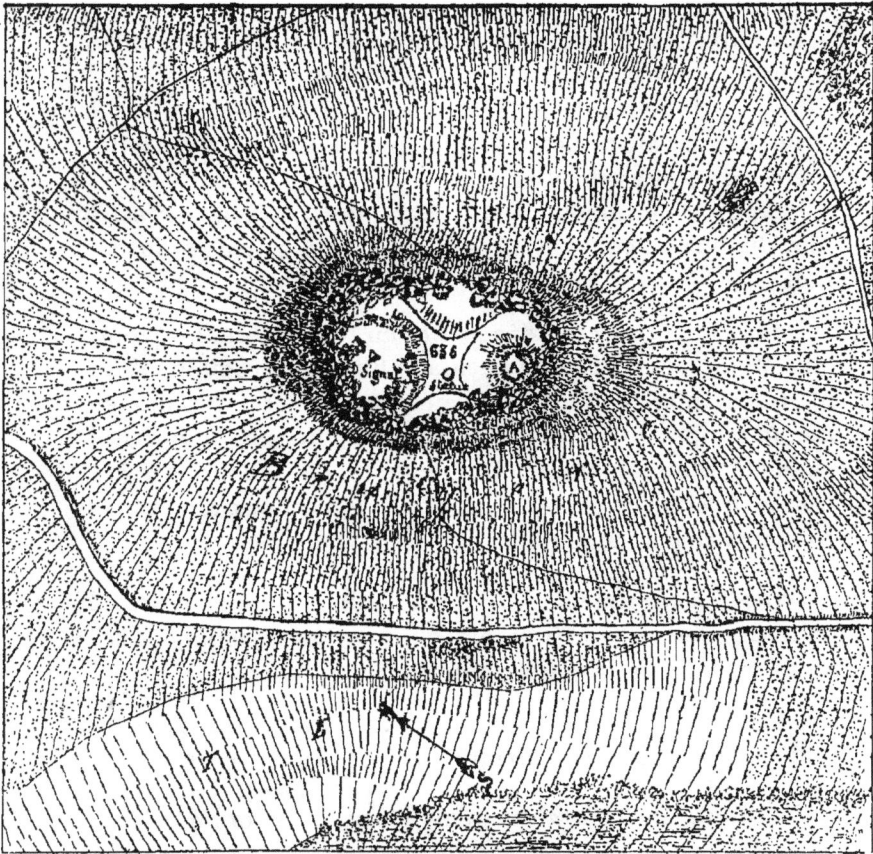

Roche-de-Vic Vues Panoramique et Topographique

(Dessin du colonel Borie. — Bul. arch. de la Corrèze, t. XII).

» Puy Chameil ; — Puy Sarjani ; — Puy de las Flours ; —
» Puy Pauliac ; Puy du Sault ; — et Puy Bernère. »

Prenant comme centre le puy de Roche de Vic, qui est
le plus élevé de la contrée (636 mètres d'altitude), on trou-

ve les autres à des distance, à vol d'oiseau, qui varient de un à douze kilomètres.

Le puy Chastellux, commune d'Albussac, est distant de 1500 mètres et a 563 mètres d'altitude.

Le puy des Fourches, commune de Sainte-Fortunade, est à 10 kilomètres et á 592 mètres d'altitude.

Le puy de Sarjani, dans la commune de Beynat, est à 524 mètres d'altitude et à une distance d'environ 4 kilomètres de Roche-de-Vic.

Le puy de Pauliac, dans la commune d'Aubazine, est à une distance d'environ 12 kil. et à une altitude de 524 mètres.

Dans la *commune d'Argentat*, au village de Longour, on fouilla, en 1861, une antique villa gallo-romaine dont M. E. Bombal a donné une description et les plans en même temps· que divers dessins de poteries, monnaies, clefs etc. dont nous donnons quelques reproductions grâce à la bienveillance de M. E. Bombal à qui nous adressons tous nos remerciements (1).

Dans la *commune de Bar*, près Tulle, sur la rive droite de la Corrèze, on a retrouvé des fondations maçonnées remontant à l'époque gallo-romaine.

Commune de Bugeat, dans le *Champ du palais*, près du village du Mas Soutre des ruines antiques ont été signalées.

Commune de Chamberet, au Mont Ceix, ou Montcez, on a mis au jour, il y a quelques années, des restes de fortifications, qu'on dit être de l'époque gallo-romaine.

Ainsi que nous l'avons dit dans un de nos livres : *Un domaine royal en Bas-Limousin* la *commune de Chameyrac* a donné de nombreux débris gallo-romains et même une urne en verre cotelé très intéressante trouvée à la Combotte.

(1) E. Bombal. — *Recherches sur la ville gallo-romaine de Longour*, imp. Crauffon, 1897.

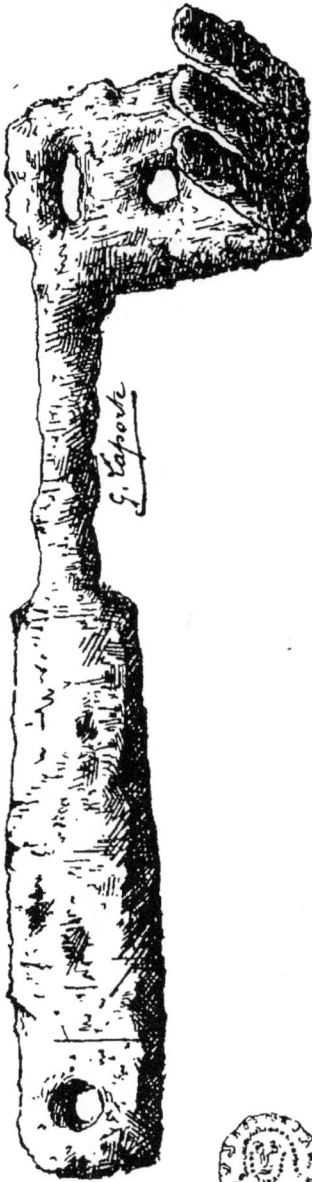

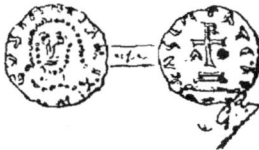

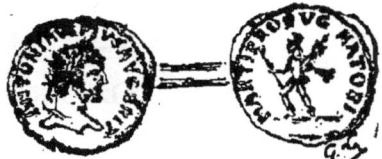

FRAGMENTS DE POTERIES, MONNAIES ET
CLEFS TROUVÉS DANS LA VILLA DE LONGOUR

Dans la *commune de Davignac,* on vient de découvrir (juin 1912) plusieurs urnes gallo-romaines et quelques autres poteries dont je donnerai prochainement une description détaillée.

Dans la *commune d'Espagnac,* au Puy-la-Vialle, on découvre souvent encore des fragments de tuiles romaines, des tessons de poterie antique, même quelques restes de constructions gallo-romaines.

Dans la *commune d'Estivaux,* entre les villages du Teillet et de la Barrière, M. Brousse, curé de la paroisse, nous a signalé une enceinte préhistorique non explorée, près du moulin de la Peyrade.

Dans la *commune d'Eygurande,* à un kilomètre du bourg, se trouve le village du Chardoux avoisinant l'ancienne voie romaine de Lyon à Bordeaux, dont on retrouve les traces, de même qu'au village de La Chaussade on rencontre plusieurs substructures romaines.

URNES GALLO-ROMAINES trouvées en Corrèze
(Dessin de V. Forot dans son livre sur les ruines de Tintignac).

Dans la *commune de Malemort,* M. Ph. Lalande nous a signalé un cimetière gallo-romain.

Dans la *commune de Masseret*, touchant au bourg, en aval du village de la Renaudie, se trouve l'endroit dit de *la Motte*. — On y remarque une butte de terre entourée de deux fossés concentriques. — Est-ce, comme on le dit, un reste de fortification gauloise, ou, plus simplement, une motte féodale ? — On peut rapprocher de cette motte les restes du camp dit les *Retranchements de César* qui sont à peu de distance, et le tumulus que nous avons signalé dans cette même commune.

Dans la *commune de Meilhards*, à 1500 mètres du bourg, près du village de Laurière, se trouve le lieu dit *camp de César*, qui a fourni des débris de poteries gallo romaines.

Dans la *commune de Mercœur*, près du village de Massalve, on rencontre nombre de débris de tuiles romaines et des restes de constructions.

Dans son travail sur les *Anciens chemins et voies romaines d'Argentat et de ses environs*. M. E. Bombal parlait d'un chemin qui conduisait autrefois à Argentat en passant par Mercœur, Massalve et la Maronne, qu'il traversait, dit : « Nous n'hésitons pas à considérer ce chemin comme voie romaine. Il est un de ceux qui en ont le plus conservé de traces caractéristiques. Son pavé existe en partie... En ce moment [1909] au-dessus de Massalve, on le trouve en bon état sur un parcours d'environ 700 mètres, déduction faite des intervalles ruinées. Sa largeur est de 2 m. 50. Sa structure symétrique est remarquable et mérite une description. Au milieu de la voie règne une ligne de longues et étroites pierres à surface oblongue. Les deux bords sont formés de grandes et épaisses dalles régulièrement alignées. L'autre voie (c'est-à-dire les deux côtés entre la ligne médiane et les qords) est remplie de blocs à face irrégulière de moindres dimensions. Le tout est en granit, nature du sol. Sous Dalmazane et sous Gramont on retrouve ce pavé, mais sans symétrie. »

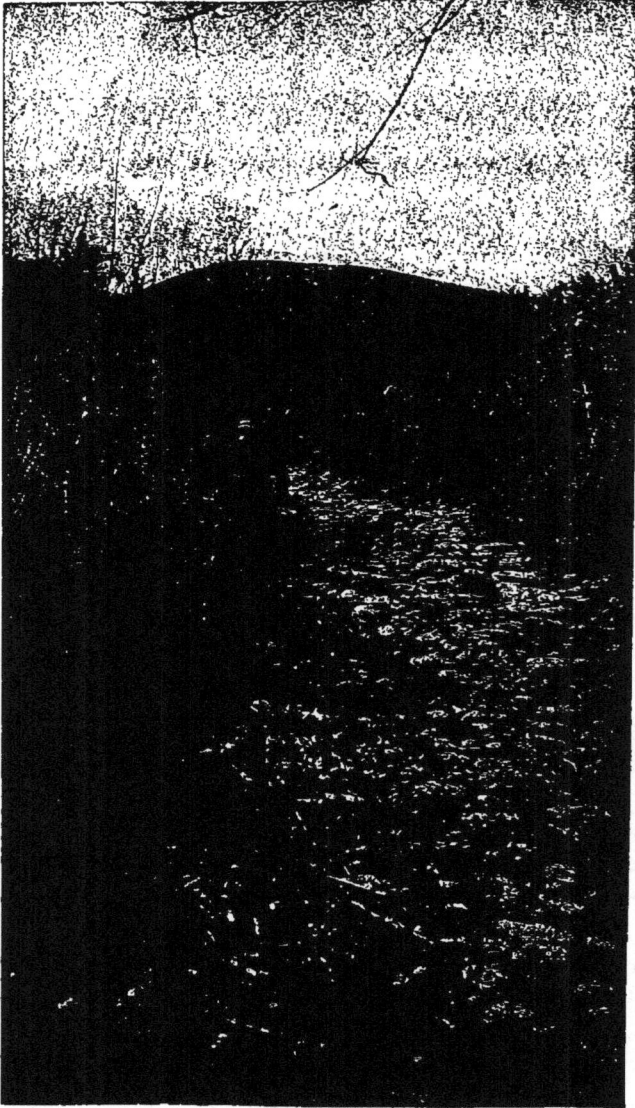

VOIE ROMAINE SOUS GRAMONT (RIVE GAUCHE
DE LA MARONNE)

Dans la *commune de Mestes*, canton d'Ussel, on a trouvé sur le *puy de la Serre* « une belle urne, entourée de plusieurs vases en verre imitant la porcelaine. »

Dans la *commune de Monceaux*, on a découvert un nombre relativement considérable de documents attestant l'occupation romaine.

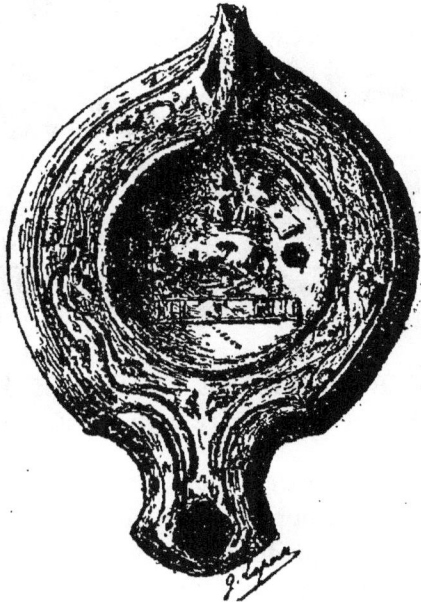

LAMPE ROMAINE TROUVÉE A LA VILLA
LONGOUR, décrite par M. E. Bombal

Sans compter la villa de Longour, près d'Argentat, au Bas-Peyroux, on voit aussi les ruines d'un pont bâti par les romains.

Dans la *commune de Neuville*, le puy du Tour, qui est plus près du bourg de *Monceau*, est une mine de débris gallo-romains, c'est en outre une antique enceinte fortifiée très intéressante.

Dans la *commune de Pandrigne*, on trouve près du puy de la Soulière, vers Courbiat et le bourg, des débris de tuiles à rebord, des fragments de poterie grossière, des silex taillés, etc. — On croit généralement que le Puy des Places était un camp retranché.

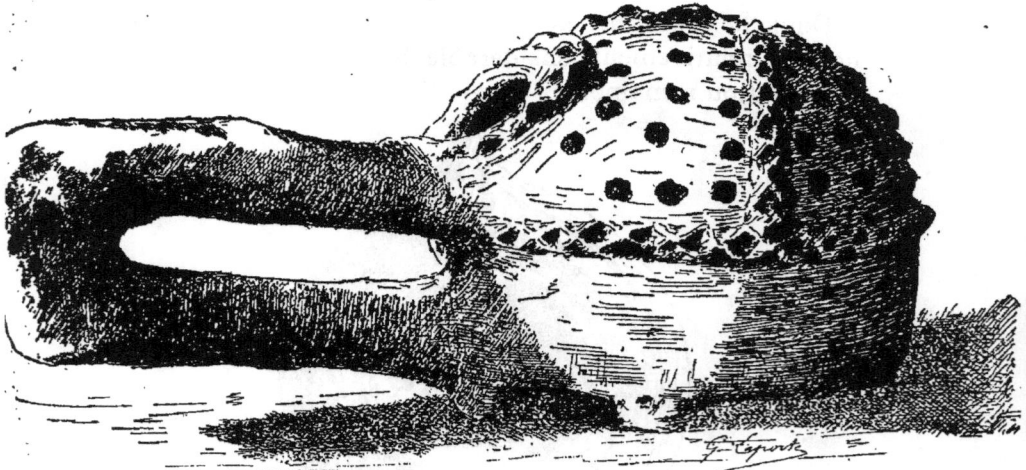

CASSOLETTE EN TERRE TROUVÉE A LA VILLA LONGOUR, DÉCRITE PAR M. E. BOMBAL

Dans la *commune de Pérols*, les habitants du bourg faisant un fossé au bord d'un chemin pavé trouvèrent, en 1870, à un pied de profondeur dans la terre, plusieurs urnes remplies d'ossements, de cendres. — La *feuille hebdomadaire de la généralité* disait : « Les urnes sont d'une terre très fine et ne sont pas endommagées. La plus grande contenait une médaille de cuivre que les paysans ont rompue pour savoir si elle était d'or. Auprès de ces mêmes urnes étaient un vase et une coupe qui paraissent avoir servi aux libations. »

Dans la *commune de Rilhac-Xaintrie*, on a relevé les traces d'un camp gallo-romain.

Commune de Salon-la-Tour, près du bourg, au village de la Frétille, on a trouvé, en 1870, des amphores gallo-romaines et plusieurs autres objets de même époque.

A *Seilhac*, près du bourg, dans la *Terre du palais*, on a trouvé des vestiges d'édifices romains, des urnes, des poteries et des tessons de vases de l'époque gallo-romaine.

Commune de Saint-Angel, à Montjoli, on trouva en 1899, divers objets gallo-romains, des urnes funéraires, des clefs, des instruments divers. — D'autres trouvailles analogues furent faites, plus tard, dans un champ près du hameau de Lestrade. J'ai vu deux urnes en assez bon état trouvées dans un champ attenant à celui *dit de la quarte*, (à cause d'une ancienne mesure à grain, en granit, qui est au milieu de ce champ). — J'ai aussi vu cette mesure qui date du moyen-âge.

Commune de Saint-Bonnet-près-Bort, on a découvert, dans un champ attenant au village de Daillac, de nombreux débris gallo-romains et quelques urnes funéraires.

Dans la *commune de Saint-Cernin-de-Larche*, nous avons déjà signalé l'antique habitation dite « grange de la Cournille » ou « enceinte du Ro-blanc » qu'on avait tout d'abord assimilée à un cromlech (voir chapitres des mégalithes). — Mais il y a encore dans cette commune, près du village de Laroche, dans une terre dite de Lavialle, les traces de fouilles qui furent faites en 1833 sur l'emplacement d'une Villa romaine, et dont le *Bulletin de la Société archéologique de la Corrèze* de 1884 donne une intéressante description.

Commune de Saint-Exupéry, près d'une fontaine ferrugineuse, connue depuis des siècles, au hameau de la Chassagne, on a découvert de nombreux débris gallo-romains.

Commune de Saint-Geniez-ô-Merle, près du village de *Sermur* et des ruines féodales dites les *Tours de Merle*, on a découvert une enceinte vitrifiée qui devait être le *Viel-Sermur* dont parle un ancien parchemin.

C'est le seul monument de ce genre qui ait été signalé en Corrèze et nous empruntons à M. E. Rupin la description qui suit : « Le puy de Sermus [c'est Sermur qu'il faut lire] est situé non loin du village de ce nom, au sud et à 12 kilomètres de St-Privat, dans une boucle de la Maronne, en face du confluent de cette rivière et de la Bedaine. Il est isolé ; ses pentes sont très escarpées et inaccessibles, excepté du côté Nord-Est où elles se relient avec les plateaux voisins par un vallon dont la profondeur est d'environ 50 mètres. Le Puy de Sermus [Sermur] est à 500 mètres au-dessus du niveau de la mer ; il domine de plus de 200 mètres la rivière qui coule à ses pieds et qui le pro-

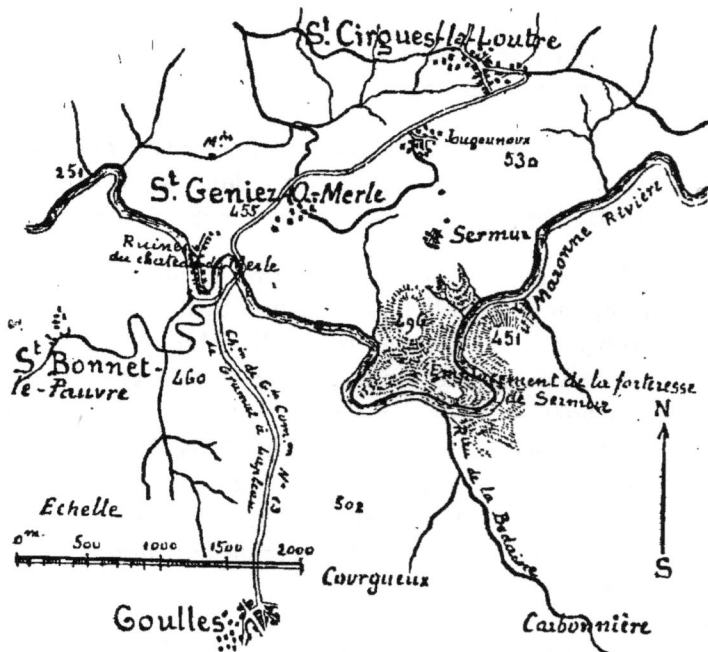

CARTE DES ENVIRONS DE SERMUR

(Dessin de E. Rupin. — *Bul. de la Soc. arch. de la Corrèze*, t. XV).

tège sur trois de ses côtés. De loin, il présente comme une éminence conique. La roche dont se constitue le terrain est le granite. Le sommet est légèrement ondulé et offre une surface ayant 300 mètres de longueur et 150 à 200 mètres de largeur.

« L'enceinte paraît avoir été circulaire et occupait la crête de la montagne ; son diamètre devait avoir une centaine de mètres, autant que permettent d'en juger les vestiges conservés par le terrain. Elle est aujourd'hui à peu près complètement en ruines ; son emplacement seul peut être constaté ; il est reconnaissable à un reste de mur en granite calciné et fondu par parties, qui se trouve sur le col, au point d'accès naturel qui relie le plateau à la montagne voisine. Ce reste de mur, que les bergers démolissent un peu tous les jours, a trois mètres de long sur un mètre cinquante de haut. Les pierres brutes dont il est formé ont été placées sans ordre les unes sur les autres, et sont soudées entre elles par leurs points de contact ; quelques-unes présentent sur leur surface des traces de vitrification. »

Un échantillon de ces pierres vitrifiées a été déposé au Musée de Saint-Germain, un autre à celui de Brive disait M. E. Rupin en 1893. Nous ajouterons que nous même avons prélevé des échantillons de ces vieux murs douze ans plus tôt (mars 1881) et que dès son installation nouvelle le musée de Tulle les recevra.

Commune de Jugeals, au village de Nazareth, la grand' rue est une ancienne voie romaine. La chapelle est en partie construite sur cette ancienne voie. On a recueilli aux environs des débris d'amphores gallo-romaines.

Commune de Saint-Julien-Maumont, près de l'église, aux abords de la route, on a découvert des substructions gallo-romaines.

Dans la *commune de St-Merd-les-Oussines*, au bourg même, en creusant les fondements d'une maison, on a trouvé une urne en terre contenant des ossements humains calcinés et un bel *aureus* de Néron, sur lequel on lit : *Nero Cæsar Augustus*, et au revers *Concordia Augusta*.

L'année dernière (1911), en construisant la ligne des

tramways corréziens, on trouva dans la *commune de Saint-Pantaléon-de-Lapleau* deux urnes funéraires avec des dessins cunéiformes qui nous permettent de les attribuer à la période gauloise.

La *commune de Saint-Paul*, a fourni bon nombre de débris de poterie gallo-romaine.

Le puy de l'Aiguille, dans la *commune de Saint-Priest-de-Gimel*, aurait été un campement romain ; — on y a trouvé des urnes funéraires.

Dans cette même commune, près du village de Brach, dans un *champ dit des salles*, on a découvert diverses urnes et amphores qui sont conservées par un propriétaire du village de Pouymas-Bas.

La *commune de Saint-Yrieix-le-Déjalat*, a fourni quelques débris de poterie gallo-romaine, des urnes et une monnaie petrocorienne.

Ussel a son camp romain et l'aigle colossale en granit qui y fut trouvée.

En récapitulant ce qui précède nous voyons que trente-cinq communes au moins du département de la Corrèze ont donné des preuves du passage des Romains sur leur territoire. Il nous a paru intéressant de classer les noms de ces communes dans l'ordre qui nous semble être celui que les Romains ont suivi en occupant notre Bas-Limousin, étant donné qu'ils sont entrés par le Nord. Nous ne donnons pourtant ces itinéraires que sous toutes réserves et comme indication.

Venant de Gergovia, ils arrivent en Bas-Limousin par Eygurande, passent à Aix et descendent à Ussel, où ils stationnent et se divisent. La bande principale va par Saint-Angel, l'autre par Bort et prennent à peu près les voies suivantes, faisant quelques incursions dans le pays environnant.

La première quittant Ussel passe à Mestes, Saint-Angel, se dirige vers Pérols, St-Merd-les-Oussines et Bugeat, poursuit jusqu'à Chamberet et Masseret, descend sur Meilhards, Salon-la-Tour, Uzerche et Seilhac, et se rend à Tintignac, point de raliement principal.

La seconde bande partant d'Ussel se dirige sur Saint-Exupéry, — Saint-Bonnet-près-Bort, — Saint-Pantaléon-de-Lapleau, — Rilhac-Xaintrie, remonte vers Saint-Paul, — Pandrignes, — Espagnac, — Saint-Priest-de-Gimel, — Bar et va rejoindre le gros de la troupe à Tintignac (Naves).

L'évacuation se fit alors probablement de Tintignac en deux groupes encore. L'un se dirigeait vers Chameyrac, — Malemort, Jugeals (?), Saint-Cernin-de-Larche, et le pays des Petrocoriens, l'autre par Roche-de-Vic, Albussac, — Neuville, — Argentat, — Monceaux, — Saint-Geniez-ô-Merle, — Mercœur. — Saint-Julien-Maumont et passa dans le pays des Cadurques.

Le lecteur trouvera facilement ces itinéraires, sur une carte orographique de la Corrèze, étant connu que les Romains suivaient généralement les sommets pour se rendre d'un point à un autre.

MONUMENTS du MOYEN-AGE

DE LA RENAISSANCE ET DES TEMPS MODERNES

Les notes que nous écrivons ici n'ont d'autre but que de faire connaître à ceux qui les ignore les nombreux monuments intéressants de notre département et aussi d'attirer sur eux l'attention bienveillante de tous les amis du passé pour contribuer à leur conservation. — Souvent, hélas ! *parce qu'on ne sait pas*, on laisse détruire ou modifier des monuments, qui, par suite de ces modifications, perdent leur véritable caractère et deviennent des constructions banales. — Nous n'avons certes pas l'intention de faire le procès de n'importe qui. Les modifications qu'on apporte ont leurs bonnes raisons quelques fois, et on nous dira même peut-être qu'elles embellissent le sujet. « Des goûts et des couleurs, il ne faut pas discuter. »

Il y a quelques années nous visitions Segonzac, admirant l'église romane, cette grosse masse qui ne formait qu'un bloc, recouvert par une toiture à quatre eaux ressemblant assez à un petit chapeau posé sur la tête d'un bossu, en raison des deux immenses contreforts, déjà croulants qui appuyaient un embrion de clocher. Elle était pourtant belle cette église lézardée avec ses trois grandes arcades en façade, celle du milieu encadrant le portail, (comme à Meymac, qu'on a classée), avec son vieux cordon en saillie et à plan incliné, soutenu par de jolis corbeaux, un peu mutilés. — Je vois encore ces massifs en pierre bien taillées, qui semblaient serrer le clocher comme dans une tenaille monstre, ces deux pignons couverts en larges et belles dalles, s'arrêtant presque au ras des murs, avec une légère saillie. Les deux baies du haut du clocher sans autre ornement qu'un cordon qui, de chaque côté et entre elles, marquaient la naissance du plein cintre. Enfin cette toiture à quatre eaux, en grosses dalles du pays, chevauchant lourdement les unes sur les autres. C'était du roman du XIᵉ siècle tout cela, un peu croulant, il est vrai, mais bien typique.

Nous sommes revenu à Segonzac il y a peu de jours.... Nous avons eu peine à reconnaître la vieille église. — Les trois arcades y sont bien encore, mais le clocher s'est rajeuni : les deux pignons qui l'accostent, refaits, n'ont plus la hardiesse de monter aussi haut ; les baies des cloches se sont agrémentées de cordons ; sa toiture a vu pousser des corbeaux et une corniche sous elle, comme pour la soutenir. Deux minuscules ouvertures ont crevé les pignons. Enfin, un comble !... des chéneaux en saillie, en zinc, et des tuyaux de descente, de même métal, prennent les eaux de pluie des toitures et les conduisent sous les pieds des visiteurs. Nous ne demanderons pas le classement de l'église romano-moderne de Segonzac.

Cette petite remarque faite, prenons la liste officielle des monuments historiques classés dans le département de la Corrèze. Elle est bien courte, en raison du grand nombre d'églises et autres constructions intéressantes que possède notre département. Voici cette liste dressée dans l'ordre alphabétique des noms des communes.

MONUMENTS CLASSÉS

Arnac-Pompadour. — Eglise.
Aubazine. — Eglise.
Beaulieu. — Eglise.

Brive. — Eglise Saint-Martin. — Ancien petit Séminaire. — Maison à tourelles, à l'entrée de la rue des Echevins.

Collonges. — Eglise.

Lubersac. — Eglise.

Meymac. — Eglise.

Moustier-Ventadour. — Ruines du château.

Saint-Angel. — Eglise.

Saint-Bonnet-la-Rivière. — Eglise.

Saint-Cyr-la-Roche. — Eglise.

Saint-Robert. — Eglise.

Ségur. — Chapelle de l'aucien château (propriété particulière.)

Tulle. — Cathédrale Notre-Dame.

Turenne. — Tour dite de César.

Uzerche. — Eglise, Porte dite Barachaude.

Vigeois. — Eglise.

Nous allons décrire rapidement ces divers monuments, mais avant cela, nous voulons protester, de toutes nos forces, contre le peu d'ordre qui règne dans l'administration chargée de notifier le classement de nos monuments. La préfecture de la Corrèze nous a communiqué la liste qui précède, et nous savons pourtant qu'il y a, en Corrèze, d'autres monuments classés.

Mais ne récriminons pas. S'il est vrai qu'il fut un temps où l'Europe enviait notre administration, ce temps doit être bien loin de nous, et nous pourrions peut-être aujourd'hui envier et copier l'administration de quelques-uns de nos voisins, tout au moins en ce qui touche les Beaux-Arts.

Voyons ce que sont nos monuments classés :

ARNAC-POMPADOUR. — *Eglise* des XIIe et XVe siècles. Reste d'un monastère fondé vers l'an 1000 de notre ère.

L'extérieur nous montre une croix latine dans l'ensemble : cinq absidioles, dont quatre petites et une, celle du centre, plus grande, entourent l'abside et s'appuient contre les bras de la croix. — Les contreforts des absidioles sont à plein cintre. Une rangée de corbeaux court sur tout le pourtour de l'édifice. — Façade à pignon avec clocheton à une seule baie, et deux belles statues de saints dans des niches; L'abside est percée de cinq grandes meurtrières à table inclinée, sous les corbeaux, et de deux baies, à plein cintre, au dessus des absidioles. — Il n'y a pas de tour.

L'intérieur est à trois travées, sans collatéraux. L'abside se décompose en trois absidioles, qui, réunies, forment un trèfle. — La voûte est en berceau roman, avec ci et-là des nervures ogivales. Dans la nef, des pilastres revêtus de demi-colonnes surmontées de chapiteaux historiés: on y voit l'*Annonciation* ; — *la Résurrection d'un saint;* — *l'Appel de Zachée par Jésus-Christ* ; — *Saint Pierre avec sa clef* ; — *Saint Martial avec son bâton pastoral,* etc., etc.

AUBAZINE (ou OBASINE). — *Eglise* du xiie siècle, construite exactement entre 1156 et 1176, sur le plan dit Cistercien. Cette église était autrefois un modèle du genre, mais elle fut mutilée par les moines qui la possédaient en 1757. — Ces vandales en détruisirent presque une moitié (36 mètres sur 92). Ce qui nous reste mesure moins de 56 mètres de longueur, mais c'est encore un de nos plus beaux monuments historiques. — Viollet-le-Duc la mentionne comme type dans son *Dictionnaire raisonné de l'architecture française du XIe au XVIe siècle.*

L'extérieur se fait remarquer par sa lanterne octogonale, un peu basse peut-être, mais bien ajourée avec ses baies romanes, géminées par d'élégantes colonnettes. Cette lanterne à pans coupés est très heureusement raccordée par des triangles à ressauts sur une base quadrangulaire.

C'est à l'intérieur qu'il faut admirer ce magnifique monument : une seule nef avec collatéraux — six travées et un vaste transept avec six petites chapelles symétriques sur les côtés ; une abside, avec un hémicycle à pans coupés, sans absidioles. De magnifiques piliers soutiennent les voûtes èn berceau, à nervures. Enfin la coupole à pendentifs supportant la lanterne octogonale à jour.

Une grande simplicité de lignes et la sobriété des ornements font remarquer tant l'extérieur que l'intérieur de cette église.

BEAULIEU. — *Eglise.* — L'église paroissiale de Beaulieu, l'ancien *Moustier* des bénédictins, est le plus beau des monuments historiques de la Corrèze, c'est aussi le plus grand et le mieux conservé (1). Ses dimensions bien proportionnées présentent la forme crucifère avec triple nef et un déambulatoire. Cet édifice roman mesure environ 65 mètres de longueur et près de 20 mètres de hauteur intérieurement.

— Les voûtes sont soutenues par douze piliers avec cantonnement de demi-colonnes sur pilastres et par quatres colonnes pleines dans la conque. Tantôt en berceau, tantôt en arête, ces voûtes, avec des doubleaux surbaissés ou aigus sont d'un style roman très pur. On y trouve pourtant trace de restaurations dans certaines parties. L'œuvre des xve ou xvie siècles se dessine dans un croisillon du nord et une travée du bas-côté du septentrion. M. le chanoine Poulbrière, qui a décrit ce vieux Moustier, dit que : « pour qui observe d'un œil exercé l'église de Beaulieu, ce bel ouvrage roman, malgré son harmonie d'ensemble, s'est fait en deux campagnes. La première, qui comprend abside, transsept et haute travée de la nef, doit dater d'environ 1100 : c'est la meilleure. La seconde, d'un demi-siècle à peu près postérieure, et d'un travail moins soigné, embrasse, avec la lanterne ou dôme octogonal qui surmonte l'intertranssept, les trois travées inférieures de la nef, plus les deux grands portails. La façade d'ouest, dans son premier triplet, appartient déjà à une époque qui n'est plus le roman : c'est du xiiie siècle. Ainsi en est-il du grand clocher qui s'y détache en saillie et qui devait faire office de donjon autant que de tour à cloches : c'est pres-

(1) Voir la notice sur l'église de Beaulieu publiée en 1869 par M. l'abbé Poulbrière et aussi le *Dictionnaire des paroisses du diocèse de Tulle* par le même auteur. — Tulle, imp. Mazeyrie 1894-1910.

que du xiv° siècle. Je ne parle pas du triplet supérieur de la façade : celui-ci appartient à cette restauration des derniers temps (1717-1724) qui dégagea l'église d'un pâté de constructions parasites, encore indiquées sur les murs. On a mis sur ces murs la couronne d'épines des bénédictins de Saint-Maur : elle équivaut à une date, à une signature. »

C'est au midi qu'est placé le portail de cette église. Il donne accès direct dans la deuxième travée de la nef. —

PORTAIL DE L'ÉGLISE DE BEAULIEU

Nous voici en face d'un véritable chef d'œuvre de l'époque romane et de cet art limousin qui produisit, on le voit, de magnifiques ouvrages dont le plus connu est le fameux portail de Moissac, de plusieurs années postérieur à celui de Beaulieu que nous allons essayer de décrire.

A plein cintre, cela va de soi, et relativement bas, puisqu'il est un peu plus large que haut, le porche est orné dans ses piliers latéraux de deux niches à double arcature cintrée soutenues de chaque côté par trois colonnes à chapiteaux historiés. Chacune de ces niches contient des sculptures allégoriques en haut relief : au nord *Daniel dans la fosse aux lions*. Au midi *Tentation de Jésus par Satan dans le désert*, et la *Mise en fuite des démons*.

Le tympan du portail est soutenu par trois colonnes. Celles des deux côtés représentent saint Pierre et saint-Paul ; sur celle du milieu se voient différents personnages avec des lions et lionceaux à leurs pieds ; ces personnages semblent soutenir le poids du tympan dont la baie représente une série d'animaux divers : serpents, dragons taureaux etc., divisés en deux larges plate-bandes, sur lesquelles est posée la scène principale du *Jugement dernier* : le Christ assis sur un trône ouvre largement les bras. Des anges tiennent debout sa croix, derrière lui. A sa droite sont les élus, et, au-dessous de lui, répondant à la trompette du jugement, les morts sortent de leurs tombeaux.

Cette page de sculpture romane mérite une attention spéciale et soutenue. On y verra que notre école limousine du XII° siècle valait bien ses voisines Périgourdine, Languedocienne, Auvergnate, Saintongeoise, etc.

Malgré le mauvais état dans lequel ils se trouvent, trois motifs enchâssés dans le pilier gauche de l'angle de la façade de cette église méritent aussi d'être cités.

Ils représentent l'*Impureté* sous la forme d'une femme nue autour de laquelle s'enroulent deux serpents et que semble mordre un crapaud. — L'*Avarice* : Un homme tenant une bourse de la main droite et portant, à califourchon sur ses épaules, le démon qui le tyrannise. — A côté la *Gourmandise* peut-être qui montre son assiette vide.

A étudier aussi les sculptures des deux côtés intérieurs du porche.

Voir page suivante une vue d'ensemble de l'ancienne abbaye de Beaulieu.

BRIVE. — *Eglise Saint-Martin* située au centre de la ville, près de l'Hôtel-de-Ville. Elle fut construite à la fin du xiie siècle. Le clocher a été récemment reconstruit et l'église restaurée dans beaucoup de ses parties extérieures et intérieures. Sa forme est celle de la croix latine : longueur totale 58 mètres, développement du transsept 28 mètres. Son plan général se rapproche de celui dit Berrichon. — Elle est à trois nefs d'égales hauteurs séparées. par 12 élégants piliers de 13 m. 80 de hauteur. Une abside récemment restaurée et trois absidioles remontent à la construction primitive. Viollet-le-Duc dit l'église de Brive « très curieuse ; un édifice remarquable », peut-être à cause de son étroitesse. — On y remarque, tant à l'intérieur qu'à l'extérieur, quelques jolies sculptures, entre autres les chapiteaux romans représentant *la Vision de David dans l'aire d'Ornam ; les Femmes aux reptiles ; le Pèsement des âmes*. A propos des sculptures du portail, Viollet-le-Duc dit : « Là, les chapiteaux présentent cette composition d'ornements qui rappelle fort les chapiteaux, non plus byzantins, mais arabes, d'une époque reculée. »

BRIVE. — *Petit Séminaire*. Cet établissement, aujourd'hui désaffecté, était autrefois l'hôtel de la Marque de Cosnac. Ce seigneur de Cosnac en fit don pour y créer un petit séminaire où seraient établies douze bourses pour des étudiants pauvres, pris dans les terres de la famille de Cosnac. Une partie de cet établissement était connue autrefois sous le nom de *la Labenche*, remarquable construction du temps d'Henri II où fut logé le roi Louis XIII à son passage à Brive, en 1632(1). La cour de cet ancien hôtel est entourée d'arcades qui servaient de promenoir cou-

(1) Voir *Les Guerres et les Fortifications de Brive-la-Gaillarde*, par Victor Forot.

Monasterium Sancti
Pari De bello Loco
Lemouini

A. Ecclesia.
B. Carnerium.
C. Infirmaria.
D. Cubus.
E. Refectorium.
F. Cella Hospitum.
G. Bubulaia.
H. Dormitorium.
I. Capitulum.
K. Cella Cameranii.
M. Camerum.
N. Hospitum.
O. Horrea Celsa.
P. Aerarii Celsa.
Q. Ianua maior.
R. Cara Capitalis.
S. Hortus.
T. Ianitua.
V. Molendium.

L'ABBAYE DE BEAULIEU
(D'après une gravure du *Monasticon Gallicanum*)

vert. Au-dessus de ces arcades sont placés divers médaillons rectangulaires en relief, sur consoles sculptées, contenant des bustes d'hommes ou de femmes d'un très haut relief.

UN MÉDAILLON DE LA MAISON DE LA LABENCHE
A BRIVE

Un cordon à modillons règne sur tout le pourtour de la construction, tant sous les fenêtres du rez-de-chaussée que sous celles du premier étage. Le tympan de chaque fenêtre est orné d'un médaillon de même style que ceux dont nous venons de parler, mais contenant chacun un sujet différent. Quelques-uns sont malheureusement mutilés. On remarque surtout les fenêtres en saillies et les cheminées qui par leurs formes rappellent des temples antiques.

UN DES MÉDAILLONS DE LA MAISON
DE LA LABENCHE A BRIVE

L'intérieur est à visiter, à cause de l'escalier et de deux cheminées monumentales de style renaissance. L'une d'elle est remarquable par la frise du linteau représentant un combat d'hommes nus à pied et à cheval.

D'élégantes colonnes cannelées supportent une corniche

à modillons alternés avec des têtes humaines, d'où s'échappent des guirlandes de fleurs.

Un écusson, aujourd'hui vide de ses armes, avec couronne ducale et surmonté du chapeau archiépiscopal occupe le milieu du tympan de cette cheminée.

BRIVE. — *Maison à tourelles*. — La désignation donnée par la liste des monuments classés est mauvaise, car la maison n'a qu'une seule tourelle sur cette façade, et c'est la tourelle elle-même qui est classée, et non la maison, qui, d'ailleurs, n'a aucun intérêt artistique. Cette maison est située presque à l'entrée de la rue des Echevins. La tourelle classée en occupe le milieu : elle est sur cul de lampe et a trois étages. Les fenêtres et les côtés sont ornés de colonnettes très élégantes, les unes à torsades, les autres à boules historiées, d'autres enfin plates à moulures, mais toutes surmontées de jolis pinacles à choux fleuris sur accolades. — L'ensemble de cette tourelle (la maison dont elle fait partie est moderne) est de très bon style Louis XII, commencement de la Renaissance, mais on y sent presque une idée de style allemand qui nous fait souvenir de quelques parties du château de Heidelberg. Cette tourelle est étrange par ses formes, qui ne sont pas celles du style français du xve siècle, non plus que du xvie. Serait-ce l'œuvre d'un très bon ouvrier ayant parcouru l'Allemagne et qui, imbu de la façon de faire des Badois, nous aurait donné cette petite œuvre ? — En tous cas, c'est un morceau original à conserver.

COLLONGES — *Eglise*. — Nous voici dans la ville rouge, ainsi qu'on dénommait autrefois le bourg de Collonges. En effet, tout est rouge sombre ici, cette couleur est donnée par la pierre du pays : un grès rougeâtre, qui fait de bonne bâtisse. L'église, rouge comme les autres constructions, semble vraiment monumentale (elle l'est en réalité), mais on s'étonne de voir une telle œuvre dans un aussi petit bourg. — Ces trois clochers si rapprochés, émergeant au-dessus des toitures mous-

sues, font songer à une vieille ville monastique du plus
pur moyen-âge. C'est qu'en effet le clocher de l'église de
Collonges est peut-être la plus ancienne construction de ce
genre que nous ayons en Limousin. Voici ce qu'en dit
M. R. Fage dans une forte étude qu'il publiait en 1907 sur
le Clocher limousin à l'époque romane :

« On ne connaît ni une inscription ni un document permettant de le dater. Son histoire et son archéologie n'ont
pas été étudiées. On sait que l'église de Collonges avait
une réelle importance dès le viii° siècle, lorsque le comte
de Limoges, Roger, et sa femme Euphrasie la donnèrent,
avec ses annexes, à l'abbaye de Charroux (Vienne) (1).
Sur l'emplacement de cette première église un prieuré fut
fondé à une date inconnue. Charroux conserva sur le
prieuré des droits que Philippe I°ʳ lui confirma en 1077 (2).
Le clocher roman devait exister à cette époque.

« On y relève tous les éléments du clocher limousin : la
coupole à l'étage inférieur, la combinaison des plans carré
et octogone, le cordon ou bandeau sur l'étage de transition, enfin le gâble plein appliqué sur quatre faces de
l'octogone. Mais on constate que ces divers caractères
sont, pour ainsi dire, à l'état naissant. Le plan octogone
comprend quatre grands côtés et quatre côtés plus petits ;
ces derniers sont tournés vers les angles du plan carré. Le
gâble, très épais et peu aigu, ne dépasse pas le cordon de
l'étage supérieur ; les pieds-droits qui le supportent sont
larges et massifs ; leur arête extérieure est sur la même
ligne que l'arête de l'étage octogonal et forme ressaut
avec le massif carré qui contre bute la petite face de l'octogone. Quoiqu'il ait eu à sa disposition des matériaux
excellents, un grès rouge, d'un grain compact, très résis-
tant et facile à tailler, — le constructeur a évité tous les
procédés d'ornementation qui auraient pu amoindrir la
stabilité de l'édifice. Les deux fenêtres en plein cintre, qui

(1) M. l'abbé Poulbrière. — *Dictionnaire des paroisses du diocèse
de Tulle.*

(2) M. l'abbé Poulbrière. — *Dictionnaire des paroisses du diocèse
de Tulle.*

s'ouvrent sur chaque face de l'étage carré de la tour, sont distantes l'une de l'autre, séparées par un pilastre engagé qui supporte les retombées d'une double arcature en plein cintre formant arc de décharge. Les colonnes qui encadrent ces fenêtres sont d'un fort diamètre, avec des chapiteaux épannelés et des bases ornées de tores ; leur arc est doublé, sans le moindre ornement dans le ressaut, sans la plus simple moulure. Enfin, pour donner à l'étage de transition plus de solidité, aucune fenêtre n'y a été percée ; le gâble et ses supports n'encadrent pas une baie ; ils sont appliqués sur un mur plein. L'étage supérieur n'a qu'une seule fenêtre, en plein cintre, sans colonnettes, sur chacune de ses quatre grandes faces (1).

« Dans son ensemble, ce clocher a un aspect archaïque que nous ne trouvons pas au même degré à Saint-Junien et à Uzerche... Le constructeur de Collonges a trouvé la transition entre les deux plans et a su la ménager au moyen des massifs d'angle, des bandeaux et des gâbles ; il a donné ainsi à sa tour la silhouette caractéristique. Il a eu la conception du clocher limousin. »

Si le clocher a conservé presque en entier sa construction première, il n'en est pas de même de l'église qui, à l'origine, avait la forme crucifère, et n'est plus aujourd'hui qu'un quadrilatère allongé. La nef a été refaite vers le xive ou le xve siècle, de même que les chapelles.

La façade de cette église montre une particularité assez bizarre : On y voit en plein mur une quantité de pierres sculptées qui ont servi comme moëllons de remplissage. En étudiant et rassemblant ces pierres, par un dessin séparé, ce qui est facile en raison de leur nature différente de celle des pierres ordinaires de la construction (2), on se rend compte qu'elles formaient autrefois le tympan du portail de l'église, ainsi que le dit M. l'abbé Poulbrière :

(1) Le couronnement circulaire du clocher de Collonges est certainement d'une époque plus récente et doit être contemporain, comme la flèche en charpente, de la reconstruction de l'église. Dans l'origine, la tour devait être amortie par une flèche en pierre affectant la forme octogonale.

(2) Les pierres sculptées sont un calcaire blanc et les autres sont du grès rouge.

« On trouve là, comme à Carennac (Lot), la représentation du *Christ triomphant* assis dans une auréole aigüe, au milieu des quatre animaux évangéliques. Sous ses pieds et le long d'une première zone trônait une moitié du sénat apostolique : les six figures de ce linteau s'en détachaient sous trois arcades géminées, appuyées à leur centre par de petites colonnettes : De chaque côté du Sauveur, dans la zône supérieure à celle-ci, se distribuaient les autres apôtres, également rangés sous des arcatures, mais des arcatures sans appui. Enfin deux anges opposés sous l'archivolte complétaient la décoration. »

Nous nous unissons à M. le chanoine Poulbrière pour dire que « du moment que cette œuvre n'est pas entièrement perdue, on pourrait en opérer la reconstruction. Ce serait un reste précieux du xiie siècle qui, avec le clocher, constituerait la partie la plus intéressante de l'église de Collonges. »

L'Etat, qui a classé l'église, devrait certes faire rassembler ces détails de sculpture et reconstituer ce tympan.

LUBERSAC. — *L'Eglise*. — M. Ludovic de Valon écrivait, en 1891, une magistrale monographie de l'église de Lubersac, aussi nous contenterons-nous, avec l'aimable autorisation qu'il a bien voulu nous donner, de puiser à cette riche source pour dire quelques mots de cette église, dont voici d'abord une coupe longitudinale.

« La haute antiquité de cette église, sa construction, où le temps a mêlé les styles roman, bizantin et gothique ; ses chapiteaux historiés et si parfaitement conservés, la désignent à une attention toute particulière. »

Elle remonte à la seconde moitié du xe siècle, et affectait primitivement la forme d'une croix grecque à chevet rectangulaire, tandis qu'aujourd'hui elle a pris la forme d'une croix latine. « L'entrée principale, établie sur la façade sud du transept midi fut refaite entièrement [1185 à 1236], comme la façade elle-même en pierres de taille. Cette entrée se compose de plusieurs archivoltes, ornées

sur les angles de colonnes engagées s'arrêtant à la naissance de la voûte, et d'une arcade principale garnie de
lobes dont les extrémités sculptées représentent des co-
lombes, des têtes de chiens, des figures humaines, etc...

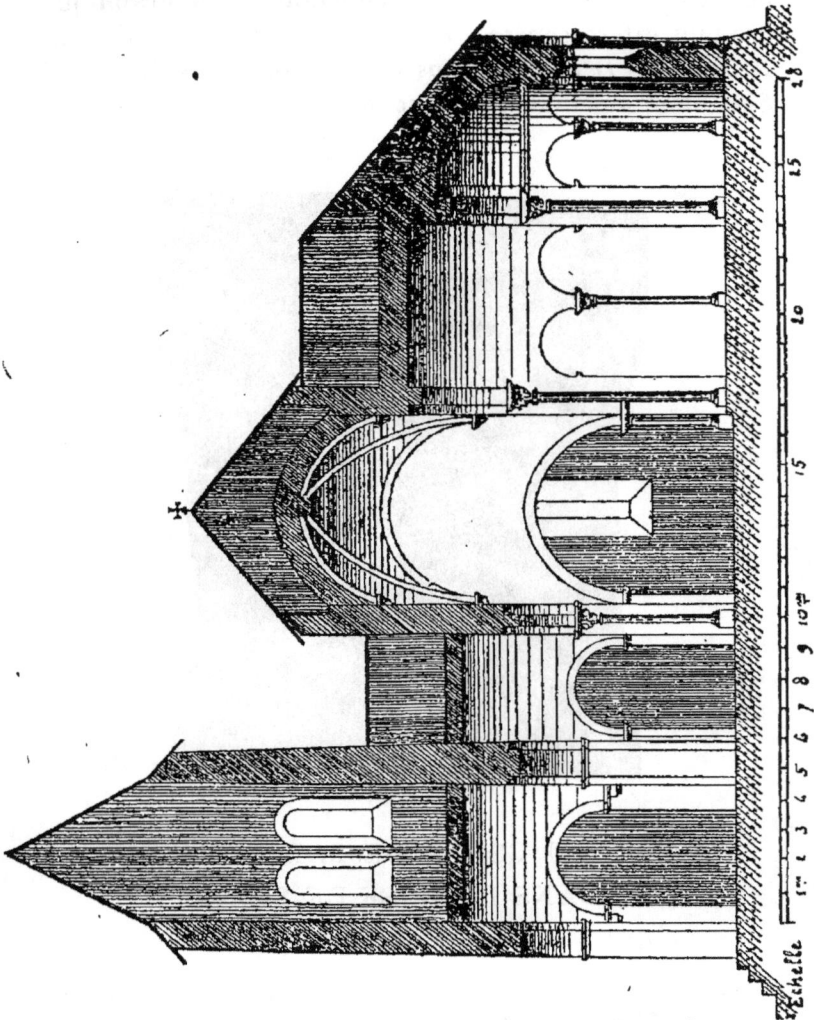

COUPE DE L'EGLISE DE LUBERSAC
(Dessin de M. L. de Valon) .

au-dessus de cette porte se trouve une rose, autrement dit
ouverture ronde très simple. »

De nombreux et très curieux chapiteaux ornent l'intérieur de cette église. M. L. de Valon les énumère et en les
décrivant en donne des reproductions photographiques
des plus intéressantes : *Translation des reliques de saint
Etienne. — Dépôt du corps de ce saint dans l'église de
Sion*, dont voici une reproduction.

DÉPOT DU CORPS DE SAINT ETIENNE
DANS L'EGLISE DE SION

Saint Etienne fut, comme on le sait, lapidé hors des
murs de Jérusalem et son corps, retrouvé en l'an 415, fut
transporté dans l'église de Sion. Le chapiteau ci-dessus
montre deux lévites tenant le couvercle du cercueil ouvert,
dans lequel on voit le corps du saint. — Au second plan
se trouvent deux clercs portant la croix et le goupillon.

Viennent ensuite la *Justice divine.* — *Les Apôtres,* dont voici une gravure

LES APOTRES

A-t-on bien voulu représenter des apôtres ? — Le livre que les deux personnages tiennent d'une main le ferait supposer ; mais que signifient les palmes qu'ils portent de l'autre ? et aussi la coiffure gemmée dont ils sont couverts. — Les apôtres sont toujours représentés tête nue. — Il y a bien encore les pieds nus, mais l'iconographie chrétienne a souvent adopté cette représentation des apôtres, comme pour le Christ.

Voici après *L'Incarnation,* pièce des plus curieuses, dont nous donnons ici la reproduction.

La Vierge, assise sur une chaise bysantine, a une expression de physionomie toute particulière, écoutant
l'ange-pèlerin qui lui notifié la volonté céleste. — Singu-

L'INCARNATION

lières figures, gestes plus expressifs encore qu'on trouve
dans d'autres chapiteaux limousins, notamment dans
l'église de Vigeois, dont nous parlerons plus loin.

A la suite de ces chapiteaux se trouvent *L'Apparition
de l'Ange aux Bergers*. — *L'Adoration des Mages* telle
qu'on la voit ci-après :

Au premier plan, on voit la Vierge couchée, ayant à sa
droite l'Enfant Jésus, aussi couché, auquel un roi offre le
pain d'encen, et l'autre sa main pleine d'or. Sous une arcade, se détachent les têtes du bœuf et de l'âne, tandis

qu'auprès de la Vierge, au second plan, se trouve un personnage debout : saint Joseph, probablement.

L'ADORATION DES MAGES

La Fuite en Egypte, remarquable par la manière dont
ce chapiteau est traité, comme le montre notre gravure.

Un personnage (saint Joseph, probablement) conduit
un âne par la bride. Sur l'âne, la Vierge tenant l'Enfant,
assis, entre ses bras. — Au loin, les maisons d'une ville.
L'âne est un chef-d'œuvre d'exécution, en y comprenant
son harnachement.

La Présentation de Jésus au Temple n'est pas moins
bien. Voyez-en la gravure.

L'Enfant est debout sur un autel, soutenu à droite par
sa mère et ayant en face de lui Siméon, vers qui il tend
les bras. — A l'arrière plan, les colonnes et les arcatures

du temple. L'autel sur lequel est posé Jésus marque bien la facture des xie et xiie siècles.

LA FUITE EN EGYPTE

Viennent après : *Jésus dans le temple.* — *La Femme adultère.* — *Saint Pierre et saint Paul.* — *Jésus chassant les marchands du temple.* Enfin le *Crucifiement* que nous reproduisons.

Ce chapiteau mériterait une description détaillée, car il représente à lui seul une époque bien marquée avec la forme de la croix, la pose du crucifié, le *suppedanum* et les deux clous, comme avec la jupe qui couvre le Christ de la ceinture aux genoux. A noter aussi que le bourreau qui va frapper Jésus de sa lance est placé à droite du Christ et derrière la croix. Dans le haut, sous la forme de figures humaines nimbées, se voient la lune et le soleil. C'est un très curieux spécimen iconographique, faisant un superbe pendant à la descente de croix que voici :

LA PRÉSENTATION DE JÉSUS AU TEMPLE

LE CRUCIFIEMENT

Sur une croix pattée, semblable à la précédente, ayant aussi un encadrement de perles et de losanges, le Christ est soutenu au milieu du corps par un personnage, tandis

LA DESCENTE DE CROIX .

qu'à sa droite un autre personnage baise la main droite, qui vient d'être arrachée de la croix. Du côté opposé, un troisième personnage, Nicodème, s'apprête à arracher le clou qui fixe la main gauche sur le bois.

Ici encore se montrent, sous la forme de figures humaines nimbées, le soleil et la lune, près des bras de la croix.

Ces chapiteaux méritent une étude approfondie, et en les décrivant, M. L. de Valon a su en faire ressortir les qualités et les défauts en véritable critique de l'art ancien : Expression des figures, tantôt dans la joie, tantôt dans la tristesse ; exécution des différents costumes et leur époque ; curiosité des détails de l'iconographie chrétienne ; forme des autels, des sièges, des armes, etc.. etc., tout y est si bien décrit que nous ne pouvons qu'engager le lecteur à se reporter à l'œuvre de M. Ludovic de Valon.

MEYMAC. — *L'église.* — Ainsi que le montre le dessin ci-après de ce monument, on ne peut douter de son origine romane. Au milieu, s'ouvre une porte à tores et petits chapiteaux avec un arc orné de découpures à festons. Cette arcade principale est accostée de deux autres bien étroites et bien hautes qui servent d'entrée et de sortie en temps ordinaire.

Le porche le mieux conservé dans sa pureté de construction du xii° siècle est celui de Meymac, assure M. de Dion dans ses notes sur les églises de la Corrèze (publiées dans le bulletin monumental de 1890).

Au-dessus des trois ouvertures, sur un cordon régnant dans toute la largeur de l'édifice, un triplet de fenêtres à colonnettes, dont la plus grande (celle du milieu) est bloquée. Le mur de façade en pignon se trouve coupé au-dessus de ces ouvertures, et le cordon de séparation forme archivolte à ces fenêtres symboliques (1). Au-dessus s'élève la tour-clocher, percée d'une fenêtre à plein cintre sur trois faces, qui semble être restée inachevée, et que l'on a couverte avec une toiture à pinacle en charpente.

Entrons dans l'église, dont M. l'abbé Poulbrière dit que « l'on peut se demander si, dans les rangs de nos édifices religieux, il s'en trouverait beaucoup de plus piquants, de plus dignes d'études. » C'est en effet un monument très intéressant des xii° et xiii° siècles. Son plan est des plus curieux : il a la forme d'une croix latine et se compose d'une seule nef avec un transept sur lequel s'ouvrent trois absidioles de largeurs inégales ; — l'une correspondant à la nef unique, les deux autres aux bras de la croix. Non seulement original, mais grand est l'effet de ces absidioles, formant comme un triple sanctuaire.

La longueur totale de cette église est d'environ 50 mètres

---

(1) On sait que le *triplet* est un groupe de trois fenêtres qui, sur la façade de certaines églises du xiii° siècle, symbolise la Trinité. L'archivolte qui les unit figure l'unité dans la Trinité.

alors que celle du transept est de 27 mètres. L'intérieur de la nef est de 9 mètres et la hauteur sous voûte dépasse 14 mètres.

EGLISE DE MEYMAC
(Dessin extrait du Bulletin de la Société archéologique de la Corrèze)

M. Poulbrière fait avec raison remarquer l'inclinaison du sanctuaire vers le midi et lui donne un caractère sym-

bolique que nous ne saurions discuter... et pour cause.
Nous nous bornons à constater le fait.

MOUSTIER-VENTADOUR. — *Château de Ventadour.*
— Certes, au point de vue historique, le château de Ventadour a sa valeur, mais que reste-t-il des immenses
constructions d'autrefois ?... Bien peu de chose, et si l'archéologue s'y rend, il est déçu dans ses espérances.

Le paysage est beau, la situation est presque unique,
mais l'imagination seule a ici le champ libre ; au point de
vue archéologique, l'œil n'a rien à voir. A moins que l'on
compte le grand pan de mur à meurtrières où restent encore un chambranle de fenêtre, une partie de cheminée
à colonnes qui domine le ravin, et les ruines d'une tour
carrée et d'une autre tour ronde comme ruines féodales
importantes. Nous ne voyons rien autre que les vestiges
d'une chapelle, d'une poterne et d'un souterrain voûté :
tout cela sortant à peine du sol, ne constitue pas pour
nous *les ruines imposantes* dont on nous avait vanté les
merveilles. Le poète trouvera matière à ses élucubrations
à Ventadour, mais l'archéologue en reviendra désappointé.
— Ces ruines sont cependant classées parmi les monuments historiques de France, ce qui ne les empêche pas de
disparaître petit à petit.

SAINT-ANGEL. — *L'église,* dont nous donnons ci-après un dessin, est assise sur un monticule ravissant.
Ce qui reste du vieux monastère des Bénédictins éveille
autant l'idée d'une forteresse que celle d'un couvent : La
grosse tour ronde couronnée de machicoulis, les encorbellements qu'on voit au midi, les contreforts disséminés un peu partout disent que ce couvent fortifié eut
autrefois à soutenir les assauts des aventuriers du
XIIe siècle, comme aussi ceux des Anglais des XIV et
XVe siècles. — Occupons-nous de l'église, puisque seule
elle est classée. Elle est en forme de croix latine, à
trois nefs avec transept, et son abside est à sept pans.
La longueur totale dépasse 44 mètres et elle atteint 30

SAINT-ANGEL (Eglise)

(Dessin extrait du *Bul. arch. de la Corrèze*)

mètres dans sa plus grande largeur, au transept (22 mètres intérieurement). Les nefs ont ensemble 18 mètres de largeur extérieure, et leur hauteur est de 13 mètres sous clef de voûtes.

La plus grande partie de cet édifice remonte au xii° siècle, cependant les parties hautes, détruites par un terrible incendie en 1375, furent presqu'entièrement reconstruites peu après, de même que l'abside et le transept. — Cette abside est aussi large que les trois nefs et s'ouvre par autant d'arcs y correspondant. L'hémicycle est d'un seul jet. « Découpé en sept pans inégaux, il se hérisse à l'extérieur de six contreforts massifs et saillants, reliés sous l'entablement par de fortes arcades, qui rappellent les murs du palais des papes à Avignon (1), les parties occidentales de l'église de la Chaise-Dieu et la façade de celle de Saint-Germain-les-Belles : tous ouvrages de la seconde moitié du xiv° siècle et de nos papes ou cardinaux limousins. On y voit la préoccupation de la défense, en même temps que l'impression des malheurs de l'époque : c'est de l'austérité plutôt que de la grâce. »

A l'intérieur, entre les contreforts, et au-dessous des cinq étroites fenêtres qui éclairent le chevet se trouvent cinq chapelles recouvertes extérieurement par des glacis en pierre de taille. Le transept est éclairé par une très haute, mais très étroite fenêtre du côté du nord.

Diverses parties intérieures de cet édifice accusent une restauration qu'on peut dater de la première moitié du xvi° siècle, mais ce n'est pas dans la nef, qui marque bien le style roman dans toutes ses parties.

SAINT-CYR-LA-ROCHE. — *L'église* de ce bourg, bien que régulière et datant du xv° ou xvi° siècle ne nous semble pas mériter de prendre rang parmi les monuments

---

(1) Voir les *Papes Limousins*, par Victor Forot.
(1) Lors des guerres de Cent ans, les Anglais s'emparèrent de St-Angel et y restèrent longtemps, ce n'est qu'en 1375 que le duc Louis 11 de Bourbon put les en déloger en incendiant le château et l'église. — Voir le *Bas-Limousin*, *lectures sur l'histoire et la géographie de la Corrèze*, par A. Bourgoin, Vitor Forot et A. Piffault.
(2) Poulbrière : *Dict. des paroisses*, *loc. cit.*

historiques. Bien que l'acte de classement, qui est à la préfecture de la Corrèze, soit muet sur ce point, il est probable qu'on n'a pas entendu classer l'église, mais plutôt le magnifique vitrail représentant la *Descente de croix* décorant le haut d'une fenêtre et qui se trouve actuellement à Paris pour être remis en plomb, afin d'empêcher la dislocation complète de ce beau travail.

On a peut-être aussi voulu classer les jolies peintures murales du xve siècle, ce qui n'a pas empêché un curé ignare de faire atrocement badigeonner cette belle œuvre du xve siècle qui décorait les voûtes.

Il n'est pas hors de propos de dire ici que l'Etat exerce trop peu de surveillance sur les monuments classés, la loi est lettre morte, et pour qu'on sache qu'un acte de vandalisme a été commis il faut qu'un fervent ami des arts s'en aperçoive et le dénonce à l'administration, qui en prend note et... ne s'en occupe plus !... Ainsi tout se perd.

SAINT-ROBERT. — *Eglise.* — De ce monument du xiie siècle, il ne restait plus qu'une partie de l'abside. Depuis son classement parmi les monuments historiques une sérieuse restauration a été entreprise. Elle touche presque à sa fin en ce qui concerne l'abside, la tour, les chapelles rayonnantes et les bras de la croix ; de même que le clocher. Il est vraiment fâcheux que la plus belle partie extérieure de cette église (abside) soit cachée par les maisons environnantes. Elle se compose, dans son ensemble, d'une grosse tour carrée collée au chevet de l'abside, de deux absidioles et d'une petite tour octogonale qui sert de cage d'escalier pour arriver au clocher.

L'ensemble de cette église était, à son origine, en forme de croix latine, sur le plan dit Limousin : une abside circulaire à deux étages ; deux absidioles aussi circulaires à un seul étage ; deux croisillons rectangulaires, comme la grande nef. Sur le transept un clocher octogonal. Comme nous l'avons déjà dit, une tour carrée, d'une hauteur légèrement supérieure aux deux étages de l'abside s'élevait sur le chevet de l'église. — C'est ainsi qu'elle a été restaurée, sauf pour la grande nef et pour un des croisillons qui n'est pas terminé. — La tour carrée a aussi perdu ses créneaux et sa plateforme aujourd'hui remplacée par une toiture plus pratique.

L'intérieur est agrémenté d'un déambulatoire aux colonnes sveltes ornées d'élégants chapiteaux et de gracieux arceaux surhaussés, légèrement aigus.

Parmi les chapiteaux du xiiᵉ siècle qui décorent les colonnes, nous avons remarqué des sujets connus : *Les Moines se tirant la barbe, l'Enfant tenant les lions par la gueule;* et aussi *Deux animaux se dévorant l'un l'autre,* comme dans l'église de Chameyrac ; *L'homme accroupi,* sorte de cariatide ; enfin des feuilles treflées et historiées.

SÉGUR. — *Chapelle* (Propriété particulière.) — C'est une belle ruine de style ogival de la 3ᵉ période qui fait partie de l'ancienne forteresse de Ségur, mais on ne peut admirer que quelques nervures fines et délicates qui soutiennent la voûte de l'abside, et il est difficile, presque dangereux, de pénétrer dans ce vieil édifice religieux à cause des éboulis qui l'encombrent et des pierres qui, de temps à autre, se détachent des pans de murs en ruine. — L'Etat, qui a obtenu l'autorisation du propriétaire pour procéder au classement de ce monument historique. pourrait, ce nous semble, en avoir un peu plus de soin.

TULLE. — *Cathédrale Notre-Dame.* — Cette belle église est en partie de style roman du xiiᵉ siècle. Jusqu'à la voûte , qui date de la fin de cette époque, ou même du commencement de la suivante, c'est un style romano-gothique, mais l'étage supérieur du clocher et la flèche font partie de l'ogival du xivᵉ siècle.

Le comte de Guilhermy, l'éminent archéologue qui a décrit Notre-Dame de Paris avec Viollet-le-Duc, parlant de la cathédrale de Tulle a dit : « C'est aujourd'hui un triste et pauvre édifice qui n'a de remarquable que son clocher... d'une belle architecture et d'une très grande élévation. » En disant aujourd'hui, M. de Guilhermy faisait allusion au passé de cette construction qui était autrefois beaucoup plus importante : l'abside entière et les bras de la croix (car elle avait la forme crucifère) ont disparu. Le vaisseau qui reste n'est pourtant pas sans valeur. Il est à triple nef, avec dix piliers, chacun avec demi-colonne, sans aucune base, en saillie sur le dallage du sol, mais avec chapiteaux évasés supportant une belle corniche sur corbeaux, sorte de galerie sans rampe.

Il y a six travées dans la nef, et, par suite des remaniements, cinq seulement dans les collatéraux. Cet ensemble est un peu étroit pour la longueur et la hauteur actuelle (longueur 40 m. – largeur avec les bas-côtés 20 m. 37. — hauteur de la voûte de la nef 17 m. 23, celle des bas-côtés 10 m. 63). La nef est éclairée par 22 fenêtres cintrées dont quelques-unes sont ornées de colonnettes et de tores. Les bas-côtés sont éclairés par des croisées à plein cintre, décorées de colonnettes avec chapiteaux à l'intérieur et à l'extérieur. Ce qui n'empêcha pas l'évêque Mascaron d'écrire : « Si mon église cathédrale n'était sombre, elle pourrait passer pour belle. » Et pourtant lorsque le célèbre prédicateur écrivait cela (1671) la basilique tulloise était entière et avait huit fenêtres de plus, selon le plan que nous en a laissé Baluze dans son *Histoire de Tulle*, et le dessin que nous en avons publié dans le *Bulletin de la Société scientifique, historique et archéologique de la Corrèze* (1).

Un porche ouvert sur trois côtés, à arcades ogivales, supporte sur ses piliers le poids colossal du clocher qui n'a pas moins de 77 mètres de hauteur. Sous ce porche se trouve le portail de l'église à retraits ornés de colonnettes et d'une archivolte aiguë polylobée.

L'érudit François Bonnélye (historien et poète) a chanté *Mon clocher*, il l'a aussi décrit en maître. Voici ce qu'il en dit :

« Ce clocher-porche, placé sur la façade ouest de l'église,

---

(1) *Les Sculpteurs et peintres du Bas-Limousin et leurs œuvres aux XVII° et XVIII° siècles*, par Victor Forot, en cours de publication.

est carré en plan et construit entièrement en granit, à l'exception des colonnettes qui sont faites avec un grès très fin.

CATHÉDRALE DE TULLE (CLOCHER)
(Cliché communiqué par M. Lescure)

» Au premier étage *(lo voouto)*, auquel on monte par quarante-cinq marches, est une vaste salle éclairée par trois grandes croisées ; dans la face, à l'est, est une porte très élevée, donnant accès sur l'entablement de la nef.

» La salle du deuxième étage *(lou relodze)*, à laquelle on parvient par trente-deux marches, est plus élevée que celle du premier étage ; elle est éclairée par quatre croisées plus ouvertes que les précédentes et décorées de meneaux et de colonnettes d'une grande richesse, à l'intérieur et à l'extérieur.

» Dans l'arcature extérieure, dans le haut du meneau-milieu de la croisée nord, est une belle statue de la Vierge ; au-dessous et de chaque côté, deux autres statues de grandeur naturelle représentant l'une saint Martin, et l'autre qu'on appelle saint Clair ; mais qui représente un abbé, est sans doute la statue du fondateur, Guillaume de Carbonnières. Le cadran était placé entre ces deux statues, au-dessous de celle de la Vierge.

» Au-dessus était l'étage du beffroi *(las clotsas)*, auquel on parvient par un escalier en vis de St-Gilles, de cinquante-une marches. Ce beffroi est d'une grande élégance, bien ouvert ; les croisées en sont décorées de meneaux et de colonnettes d'un beau style. Aux angles de cet étage sont des tourelles engagées qui rompent la sécheresse des vives arêtes. On monte par cinquante-trois marches, du beffroi à la plate-forme des tourelles *(las tounellas)*, d'où l'on domine toute la ville, de sorte que de là, comme d'un observatoire, l'œil embrasse tout l'horizon.

» La pyramide en granit, sur plan octogonal, est d'une belle proportion et d'une grande hauteur ; elle est décorée d'arêtiers

» La balustrade de la plate-forme des tourelles est couronnée par des merlons, aussi en granit, d'un beau profil, imitant les rocs qui font partie des armes de la ville de Tulle.

« Les quatre tourelles placées aux amortissements de la pyramide sont aussi sur plan octogonal, décorées d'arcatures et de colonnettes, supportant une flèche en pierre, ornée aussi d'arêtiers. La lanterne de l'escalier, appelée *tounello-del-Diable*, est semblable aux autres tourelles, mais avec arcatures aveugles.

» La sculpture de ce clocher est fine et sobre. Une seule des tourelles porte des sculptures sur les chapiteaux. Chacune des tourelles est surmontée d'une girouette différente qui semble désigner les armes des abbés ou des seigneurs qui contribuèrent aux frais de la construction.

» La pyramide est surmontée, à son sommet, d'une pierre énorme et octogonale *(lo molo)*, terminée par une croix de pierre d'un grand poids, retenue par des crampons de fer, et au-dessus de laquelle est une girouette en fer doré et ayant la même forme que les merlons qui sont dans les armes de Tulle. »

Nous compléterons cette intéressante description de François Bonnélie en disant que la girouette a deux pieds et demi de hauteur (0 m. 84 centimètres). — La croix qui est au-dessus de la girouette a deux pieds de hauteur (0 m. 87 cent.). — *Lo molo* qui couronne la flèche a un mètre de diamètre. La croix de pierre, qui est posée sur cette meule, a quatre pieds et neuf pouces de hauteur (1 m. 58).

TURENNE. — *Tour dite de César.* — Cette tour, d'une parfaite conservation, est de forme cylindrique. Elle a trois étages et les salles superposées sont voûtées en coupoles portées sur encorbellements. Posée sur un rocher inaccessible par trois côtés, cette citadelle du XIIᵉ siècle n'avait primitivement qu'une porte, située presque dans le vide, sur le bord d'une courtine extérieure. Un ancien mur d'enceinte se dessine encore sur les contours de la roche et va rejoindre les restes de deux vieux donjons en ruines qui semblent dater du XIIIᵉ siècles.

Cette tour est plus imposante à voir du bas de sa roche qu'en la visitant intérieurement.

Et puisque nous parlons de la roche, l'Etat ne voit-il pas qu'elle s'effrite, se disloque et menace de s'effondrer ?...

Une consolidation s'impose si on ne veut voir un jour la
tour perdre son équilibre et dégringoler.

LA TOUR DE CÉSAR

Il y a encore à Turenne d'autres ruines aussi importantes que la précédente, c'est la *Tour du Trésor*, qu'on
nomme aujourd'hui *Tour de l'horloge*. Est-elle classée ?
M. l'Inspecteur des monuments historiques nous dit *oui*,
mais nous n'en trouvons aucune trace dans les listes de la
Préfecture. Si le classement n'a pas encore été prononcé,

nous le demandons avec instance, et nous le répétons : il ne suffit pas de classer et d'abandonner, il faut classer, puis surveiller et conserver.

TURENNE (Donjon)

Turenne possède aussi un donjon, qui était autrefois

relié à la tour de César par un mur d'enceinte. C'est à l'angle de ce grand donjon carré que se trouvait l'unique porte de la forteresse. — Cette énorme bâtisse à contre-fort plat, dont nous donnons ci-dessous un dessin, renferme de grandes salles voûtées dont les nervures retombent sur des chapiteaux qui ont le caractère de la fin du XIIe siècle ou commencement du XIIIe.

UZERCHE. — *Eglise.* — Cette église, entièrement romane, offre l'aspect d'une véritable citadelle, avec sa grosse tour ronde flanquée à l'angle sud. Cette tour, qu'on voit encore très massive dans ses œuvres basses, a été peut-être trop allégée dans le haut en la crénelant, elle est cependant encore imposante par sa masse, à côté du superbe clocher d'architecture romane de l'école limousine. Ce clocher qui, en dehors des règles ordinaires, ne s'élève ni sur la façade de l'église, ni sur l'inter-transept, mais sur la deuxième des quatre travées inégales de la nef, mérite une mention spéciale à cause de son style bien purement limousin.

L'ensemble de l'église, qui offre l'aspect de la croix latine, est d'environ cinquante mètres dans sa plus grande longueur ; a trois nefs, avec transept flanqué de deux chapelles sur un côté ; un chœur tournant et un déambulatoire qu'entourent quatre absidioles. Sous ce chœur se trouve une crypte, la seule, croyons-nous, qui existe dans les églises de la Corrèze.

Le déambulatoire avec ses cintres est tout particulièrement remarquable, ainsi que l'abside avec ses six colonnes cylindriques. — Les chapiteaux sont ornés de feuillages plats. Les fenêtres sont sans aucune ornementation. M. l'abbé Poulbrière a noté que «la plus grande, qui se trouve à l'entrée d'ouest, domine un assez intéressant portail, malheureusement masqué au dehors par un blocage. Précédé d'un porche voûté peu profond, ce portail se recommande par son archivolte et les colonnes fluettes de voussure si familières dans les églises romanes de notre contrée, ce qui a probablement fait dire à M. de Dion que

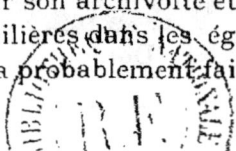

le porche de cette église avait « été détruit pour prolonger la nef d'une travée, de sorte que la belle tour qui devait le surmonter ne se trouve plus à l'entrée de l'église. »

Cette tour, aujourd'hui couverte en ardoise, était autrefois en pyramide de maçonnerie, mais elle fut détruite, dans son sommet, en 1622, par le même coup de foudre qui tua un prêtre disant la messe à l'autel principal.

La crypte est, comme nous l'avons déjà dit, unique en Corrèze. C'est une rotonde à trois absidioles, dont la voûte est soutenue par une série de gros piliers bruts. — Il y a un tombeau, dit-on, dans cette crypte, mais nous n'avons pu le voir à cause de l'encombrement de toutes sortes de choses hétéroclites qui étaient en dépôt dans le vieux sanctuaire où le moine Burdin (plus tard le pape Grégoire VIII) disait quelquefois la messe des morts.

En somme, sauf quelques exceptions de détails et la présence d'une crypte, l'église d'Uzerche est le type le plus parfait de l'église du Bas-Limousin au XIIe siècle. Nous disons cela surtout en nous appuyant sur l'opinion de M. de Dion qui écrivait ce qui suit dans le *Bulletin monumental* de 1890 au sujet des églises de la Corrèze :

« Les principaux caractères d'une église du XIIe siècle en Corrèze me paraissent être les suivants : un porche souvent surmonté d'une tour ; une courte nef divisée en trois ailes par des piliers carrés ; les bas-côtés presque aussi élevés que la nef principale, ce qui empêche que celle-ci ait des fenêtres hautes, mais qui permet de la couvrir d'une voûte, soit en berceau, soit sur croisées d'ogives ; une nef transversale très prononcée ; la croisée souvent voûtée en coupole et surmontée d'une tour centrale ; le chœur peu profond, formant rond-point, avec déambulatoire, et chapelles rayonnantes ; deux autres chapelles en abside s'ouvrant sur les bras de la croix ; ces absides sont souvent polygonales ; pas de crypte sous le chœur.

» La construction de ces églises est soignée et robuste, mais lourde ; Leur intérieur est sévère et souvent obscur par le défaut de fenêtres supérieures ; la sculpture y est rare et pauvre.

» S'il me fallait choisir un type, je proposerais l'église
d'Uzerche, bien conservée et moins remaniée que beaucoup
d'autres. »

Voici un dessin, d'après photographie, de l'intérieur de
l'église d'Uzerche.

UZERCHE (INTÉRIEUR DE L'ÉGLISE)
(Cliché communiqué par la *Soc. arch. de la Corrèze)*

Uzerche ne possède pas seulement son église, mais encore quelques autres constructions intéressantes, parmi

lesquelles nous citerons en première ligne la *porte Bara-chaude*, qu'on devrait plutôt désigner sous le nom de *porte Bécharie*, C'est la seule restant des cinq portes qui, autrefois, faisaient partie des murs de la ville. Elle date de l'époque ogivale, de même que la petite statue de la Vierge, placée dans une niche, au-dessus de la porte. Cette porte, qui est classée depuis peu parmi les monuments historiques, s'ouvrait sur un pont-levis disparu, elle touche à l'ancien château de Clédat très intéressant à visiter.

VIGEOIS. — *Eglise.* — Une masse, grosse et trapue, recouverte d'une série de toitures rondes, à pans coupés, ou plates, des fenêtres sans nombre, voilà ce qui frappe de prime abord en débouchant sur la place de Vigeois. C'est l'église vue du côté de l'abside. Cette abside pansue, percée, dans le haut, de cinq petites fenêtres à plein cintre, sans ornement extérieur, mais au-dessus desquelles règne une belle série de corbeaux soutenant la toiture, est flanquée de deux petites tourelles hexagonales qui s'élèvent légèrement au dessus de l'abside. — Dans le milieu de cette abside se dégage, entre deux grandes fenêtres, une élégante absidiole à pans coupés, avec les angles ornés de colonnes à superbes chapiteaux soutenant des arceaux à plein cintre, enfin une jolie corniche sur corbeaux anciens. A droite et à gauche, deux absidioles circulaires de fraîche date, mais imitées du style ancien. Deux autres absidioles d'angle s'appuient, d'un côté contre l'abside, et, de l'autre, l'une contre la nef, l'autre contre le clocher.

Ce clocher, qui est resté inachevé, et qu'on a recouvert, comme nous venons de le dire, avec un ridicule casque assyrien en ardoise, est percé dans sa base par un portail à triples archivoltes, la dernière découpée en feston, comme le portail de la cathédrale de Tulle. Deux jolis chapiteaux surmontent les colonnettes de l'ouverture. A droite et à gauche de ce portail, dans le haut, sont creusées deux niches où se trouvent des statuettes de saints assis. Au-dessus, sur toute la façade, règne une corniche avec quelques corbeaux anciens assez réussis. Enfin, partant de cette corniche, deux contreforts appuient l'étage supérieur, percé d'une fenêtre à plein cintre.

L'intérieur de cette église est plus intéressant encore. On y remarque de très jolis chapiteaux, et ils sont nombreux, dans le chevet qui mesure douze mètres dans sa largeur. Nous citerons les plus intéressants. *Jésus dans une gloire ; — la Vierge-mère* aussi ; — *Daniel dans la fosse aux lions*; — *L'Appel de Zachée par Jésus*; — *la Parabole de Lazare et du mauvais riche ; — La Tentation de Jésus dans le désert ; — le Salut et la Damnation ; l'Appel des Morts au jugement dernier.* — A étudier aussi les sculptures du portail latéral (pignon du croisillon du nord).

Avec l'église de Vigeois se termine la liste des monuments historiques classés en Corrèze, mais ce serait une erreur de croire qu'il n'y a pas dans notre département d'autres monuments — et tous les archéologues le savent bien — aussi intéressants que ceux que nous venons d'énumérer. Nombreux, au contraire, sont ceux qui devraient être classés et mis sous la protection de la loi conservatrice des monuments historiques. Même nous dirons mieux, nous sommes d'avis que toutes les vieilles églises doivent être protégées. En dehors de n'importe quelles préoccupations, soit politiques, soit religieuses, la vieille église du plus petit de nos villages, comme la plus riche de nos basiliques françaises, a droit à la protection de l'Etat et de tous les citoyens. Mais ce n'est pas ici le lieu de développer cette thèse, aussi reprendrons-nous le cours de notre travail en énumérant et décrivant, aussi clairement que sommairement, les églises les plus importantes de la Corrèze, les châteaux les plus connus, de même que quelques ruines intéressantes qui nous semblent dignes, les unes de figurer parmi les monuments historiques, les autres susceptibles d'être compris dans la loi du 21 avril 1906, sur la protection des sites et monuments, enfin d'autres, d'être soigneusement conservés par leurs propriétaires.

Nous procéderons par ordre alphabétique des noms des communes.

PRINCIPAUX MONUMENTS

Du MOYEN-AGE, de la RENAISSANCE et des TEMPS MODERNES

NON CLASSÉS

Affieux. — Allassac.— Aubazine.— Ayen.— Beaulieu. — Benayes. — Beynat. — Beyssac. — Bort. — Brignac. — Brive. — Chabrignac. — Chamboulive. — Chartrier. — Chasteaux. — Clergoux. — Collonges. — Cornil. — Corrèze. — Cosnac. — Curemonte. — Donzenac. — Espagnac. — Eyburie. — Gimel. — Goulles. — Hautefage. — Juillac. — Lagraulière. — Laguenne. — Lanteuil. — Liginiac. — Ligneyrac. — Lissac. — Lubersac. — Malemort. — Neuville. — Noaillac. — Noailles. — Orgnac. — Palisse. — Perpezac-le-Blanc. — Pompadour. — Rosiers-d'Egletons. — Saillac. — Salon-la-Tour. — Sarran. — Ségur.—Seilhac. — Sérandon. — Saint-Augustin. — St-Bonnet-le-Pauvre. — St-Bonnet-la-Rivière. — St-Cernin-de-Larche. — St-Chamant. — St-Geniez-ô-Merle. — St-Hippolyte. — Ste-Marie-la-Panouze. — Tulle. — Turenne. — Ussac.— Ussel. — Varetz. — Vigeois. — Voutezac. — Yssandon.

Voyons sommairement ce que sont ces monuments.

AFFIEUX. — Château construit en 1636. Beau quadrilatère avec une tour carrée en façade et deux tours rondes à ses angles d'arrière.

ALLASSAC. — *Eglise.* — Une grosse tour carrée à solides contreforts. En façade, une rangée de marches d'un escalier rustique conduit au joli portail roman accosté d'un gros contrefort. Le reste de cette façade est aveugle, sauf le sommet (où se trouvent les cloches), qui est percé de deux fenêtres en cintre très surbaissé. — Accolée au flanc droit de cette tour, s'élève la cage d'escalier, aussi carrée, et surmontée d'un « bolevard » à larges

EGLISE D'ALLASSAC

Intérieur, d'après un vieux dessin

machicoulis avec meurtrières dans les deux premiers étages et une fenêtre moderne au troisième. De ce côté, le
clocher lui-même est percé de deux fenêtres ; celle du bas,
à plein cintre, aujourd'hui bloquée ; celle du haut (moderne) est à cintre surbaissé. L'ensemble est couvert par
une toiture aiguë en ardoises.

De l'église elle-même, il n'y a que le portail de vraiment
remarquable. Encore ici, comme à Tulle, on trouve la dernière archivolte fleuronnée, ainsi que le porche à plein
cintre avec ses archivoltes multiples et les colonnettes les
soutenant. Sauf les deux portails, qui sont romans, cette
église est du xivᵉ siècle.

Voici une vue de l'intérieur d'autrefois.

La ville d'Allassac possède aussi une tour importante
et intéressante qui date du moyen-âge et mérite les honneurs du classement. Elle est cylindrique et percée de
quelques machicoulis sur sa périphérie et de fenêtres dans
le haut, elle est couronnée de corbeaux à redans qui formaient autrefois machicoulis.

Citons encore le vieux château avec ses deux tours
romanes.

AUBASINE. — — *Monastère.* — Nous avons vu que
l'église d'Aubasine était classée, mais il y a aussi l'ancien
monastère qui est à conserver et demande le classement.
Il suffit, pour en juger et s'en convaincre, de visiter la
*Salle capitulaire, les Anciennes Cuisines, le Réfectoire, la
Poissonnerie* etc. Pourquoi l'Etat n'a-t-il pas fait opérer le
classement depuis longtemps demandé ?... Mystère admi-
nistratif !

Il y a bien encore l'ancienne chapelle du couvent de
Coyroux, mais il reste peu de chose. Nous en donnons
pourtant un dessin qui intéressera nos lecteurs.

AYEN. — L'église est neuve, mais il y a dans ses murailles de vieux enfeux arqués bien soignés et bien déli-
cats, (du xivᵉ siècle,) qui étaient autrefois dans l'église du
Bas-Ayen. Ces tombeaux et les ferrements garnissant

RUINES DE COIROUX

(Communiqué par par la *Soc. arch. de la Corrèze*)

les vantaux du portail, (qui sont de même provenance et de même époque) devraient être classés.

A citer aussi ce qui reste au Bas-Ayen du vieux château ; vastes bâtisses avec une grosse tour ronde qui faisaient autrefois partie des biens des Templiers, de même que les ruines de l'ancien château, remontant au xii° siècle.

BEAULIEU. — Nous avons déjà parlé de l'église de Beaulieu en nous occupant des monuments classés, mais il y a lieu d'y revenir pour mentionner la *Chapelle des Pénitents*, qui est en dehors de la ville, sur le bord de la Dordogne.

Posée sur le roc, battue par les flots de la Dordogne, cette vieille église date des xii° et xv° siècles. En forme de croix latine, elle a trois absides romanes, un transept (aujourd'hui plafonné) et une nef (simplement lambrissée) avec quatre chapelles gothiques (modernes).

Le clocher, dont le portail est surélevé d'une douzaine de marches, est un mur plat accosté de deux contreforts entre lesquels s'ouvre une longue fenêtre à plein cintre. Au-dessus, un joli pignon aigu, percé de cinq baies cintrées (quatre sur la même ligne, et la cinquième au-dessus).

Les quatre chapelles signalées à l'intérieur forment contrefort de l'église à l'extérieur. A droite, dans le mur du transept, s'ouvre un portail roman, plus simple, mais d'aussi bon goût que le portail principal qui se trouve sous le clocher.

M. l'Inspecteur des Monuments historiques nous dit que cette chapelle est classée, nous ne l'avons pourtant pas trouvée dans la liste qui nous a été communiquée par la préfecture, pas plus que parmi les arrêtés ministériels que nous avons compulsés avec soin.

Beaulieu possède aussi un bel hôtel de ville : château flanqué de tourelles en poivrière aux deux angles. — Aussi une maison moderne ornée de statues anciennes et dans

laquelle on conserve une belle cheminée du commencement du xvɪᵉ siècle.

BENAYES. — Tout près du bourg, se trouve le village
de Forsac et le château de ce nom, qui fut autrefois aux
Sainte-Aulaire après avoir été propriété de Jean de Beau-
fort-Canillac, grand croix de l'ordre de Malte. — C'est une
belle construction, parfaitement restaurée, bien qu'un peu
trop modernisée (1).

BEYNAT. — A deux kilomètres sud-est du bourg de
Beynat, le *château de Sabeau*. Cette ancienne demeure
seigneuriale qui fut aux Cosnac, est aujourd'hui richement
restaurée.

BEYSSAC. — Avec M. Poulbrière, nous dirons : « Ne
serait-ce qu'au titre de ses origines, la jolie petite église
de cette paroisse [Beyssac] devrait compter parmi nos
monuments historiques. Tout y est simple, autant que
régulier ; mais à la voûte du sanctuaire brillent, sous la
tiare et les clefs pontificales, les armes d'un pape né non
loin du clocher, le pieux Innocent VI (2). C'est lui qui fut
le fondateur, ou plutôt le reconstructeur de cette église,
de 1352 à 1362, années extrêmes de son pontificat. Le style
dit assez bien l'époque. Si les réseaux des fenêtres sont
encore rayonnants, les contreforts à pignons affectent
déjà les angles, et les nervures deviennent prismatiques.
Des peintures d'appareil dans les voûtes sont d'ailleurs
tout le luxe — qui n'est pas grand, bien que sa rareté le
rende précieux — de cet édifice rustique, où s'accusent les
goûts modestes du chef de l'Eglise, auquel nous le devons. »
En effet, c'est une église bien simple, mais belle par sa
sa simplicité, avec son clocher à mur plat percé de deux
baies romanes dans le haut, de même que par sa forme
d'ensemble qui est la croix latine dans toute sa simplicité.

(1) *Le Panthéon corrézien : dictionnaire biographique des hommes
marquants du Bas-Limousin*, par Victor Forot.
(2) Etienne Aubert, né au village des Monts, commune de Beyssac,
vers la fin du xɪɪɪᵉ siècle. Voir les *Papes Limousins*, par Victor Forot.

Il est vraiment regrettable que le curé de la paroisse ait eu la malencontreuse idée de faire peinturlurer le chœur et de faire rafraichir les magnifiques peintures qui valaient celles de St-Cyr-la-Roche, dont nous avons parlé, dans le chapitre des monuments classés. Espérons qu'avec la nouvelle loi, messieurs les curés y regarderont à deux fois avant d'entreprendre des travaux de *détérioration*, comme nous en avons malheureusement trop rencontré dans nos églises corréziennes. L'église étant propriété communale, messieurs les maires devront se renseigner avant d'autoriser les travaux.

BEYSSAC. — Parlerons-nous de l'ancienne Chartreuse du Glandier, qui est dans cette commune et qui va disparaître ?... Il vaut mieux en donner un dessin comme souvenir.

BORT. — Cette jolie petite ville possède une église paroissiale très intéressante. Elle date des xiiᵉ et xvᵉ siècles avec des restaurations modernes. Son plan général est celui dit Berrichon, avec trois nefs, un transept, trois absides ou absidioles. Les deux bas-côtés se prolongent le long du chœur et viennent aboutir aux deux absidioles.

Extérieurement, l'abside et ses deux absidioles sont à pans coupés, couvertes sur corniche soutenue par des corbeaux. Chacune des trois est percée d'une longue fenêtre à plein cintre. Cette partie de l'église est du xiiᵉ siècle, de même que le chœur. — La nef est du xvᵉ siècle.

On a construit une chapelle moderne de très bon style, mais pourquoi avoir déparé cette église en construisant du même côté une seconde chapelle ? — On nous a cependant assuré que M. de Beaudot et notre compatriote M. Bonnay, inspecteur des monuments historiques, s'y étaient opposés. — Le curé de Bort a été le plus fort ! . . .

Le clocher, comme l'église, a été construit à deux époques différentes : La partie inférieure de la tour carrée est du xiiᵉ siècle. La partie supérieure, avec ses deux baies accouplées sur chaque façade, et ses quatre petits pinacles

angulaires sont du xve siècle, comme la flèche, mais tout
cela restauré avec art depuis quelques années.

CHARTREUSE DU GLANDIER

(Cliché communiqué par la *Soc. arch. de la Corrèze*)

A peu de distance de Bort, s'élèvent les sombres murailles du vieux manoir de *Pierrefitte*, dominant de son faisceau de tours patinées par les siècles, la belle vallée de la Dordogne, en amont de la ville de Bort. Louis XI écrivait, en 1483, que Pierrefitte était « chasteau ancien et de très ancienne fondation par gens de gente et noble maison, et est place forte, archive et garde de la ville de Bort et de tout à l'environ. » C'est dire que le château de Pierrefitte a son histoire.

BRIGNAC, ou mieux peut-être MANSAC, possède le joli *château de la Choisne*, qui est aujourd'hui transformé en asile pour les vieillards, grâce à la générosité d'un ancien entrepreneur de travaux publics, M. Charles Gobert. — C'est une belle et intéressante résidence.

BRIVE. — Certes, la maison qu'on voit sur l'ancienne place de la Mission n'a pas, en dehors de ses deux tourelles accolées, un grand intérêt architectonique. Elle a pourtant son caractère, tant à l'intérieur qu'à l'extérieur, mais elle est un souvenir de celui qui y naquit en janvier 1742. C'est Jean-Baptiste Treilhard, le fameux jurisconsulte, homme d'Etat, qui fut l'auteur de la plus grande partie de nos codes civil, criminel, de procédure et de commerce. A ce titre, la maison Treilhard, dont voici un dessin, est à conserver.

CHABRIGNAC. — Château très bien conservé ; construit au XVᵉ siècle, sur un plan assez régulier, marquant bien son époque, avec ses deux grosses tours rondes couronnées de machicoulis, comme aussi son donjon carré, à fenêtres grillagées, et sa galerie de garde sur machicoulis. Belles fenêtres à meneaux et lucarnes à pinacles. Hautes toitures rondes, et carrées, au sommet desquelles grincent des girouettes féodales.

CHAMBOULIVE. — Voici l'église aux lignes droites : le porche, le clocher, les chapelles, tout est rectangulaire,

même l'abside, qui est à pans coupés et à arêtes vives.
Cela ne manque pourtant pas de grâce. Le clocher surtout, est beau. C'est une superbe tour quadrangulaire, à

MAISON TREILHARD
(Cliché communiqué par la *Soc. arch. de la Corrèze)*

trois étages au-dessus de l'église. Le premier étage est
percé sur chacune de ses faces d'une belle fenêtre géminée

à plein cintre. Le deuxième étage est éclairé de la même façon, mais avec des fenêtres simples et en ogive. Le troisième étage a été refait en charpente et couvert en ardoise, comme la toiture.

Chaque étage est coupé par un cordon ; celui au-dessus des fenêtres géminées est plus saillant que le premier.

La restauration de l'ensemble est parfaite. Si le temps avait posé sa patine sur l'œuvre de M. de Beaudot et de M. Bonnay, l'architecte, inspecteur des monuments historiques, qui a fait exécuter les travaux, on croirait que l'église de Chamboulive est venue d'une seule pièce au xve siècle.

N'oublions pas le porche, entrée principale, qui couvre le joli portail à fleuron nous rappelant celui des *Mercantis* de Valence, si apprécié du monde entier.

Pourquoi a-t-on négligé de classer ce monument ? — Il faut remédier à cet oubli.

A peu de distance du bourg de Chamboulive, sur la route allant à St-Jal, s'élève le château de *Gourdon*, avec sa grosse tour blanche, sa tourelle d'encognure, couverte de lierre, et ses toitures pointues, à girouettes féodales. Bel ensemble de constructions, semblant, à distance, chevaucher les unes sur les autres depuis le commencement du xviiie siècle.

Du côté opposé, sur la route de Chamboulive au Lonzac, se trouve le château de *La Faurie*, qui remonte à l'époque gothique comme l'indiquent les accolades de son entrée et de quelques fenêtres, de même qu'une partie de son donjon carré présentant encore les triples corbeaux de ses anciens machicoulis.

CHARTRIER. — Vieux château à tours rondes restaurées. On y voit les restes des consoles supportant les machicoulis.

CHASTEAUX. — M. Rateau, qui fut inspecteur des écoles primaires en Corrèze, a écrit que près de Chasteaux,

canton de Larche, à deux kilomètres du bourg, « on
trouve un rocher gigantesque taillé à pic, sur lequel on
remarque les vestiges d'une forteresse romaine qui servit

PILLE-BRIVE
(Cliché communiqué par la Soc. arch. de la Corrèze)

de refuge, au moyen-âge, à quelques bandes de routiers.
On l'appelle dans le pays le rocher de Pille-Brive. »

Rien, dans ce qui reste des constructions, ne semble
avoir rapport avec les bâtisses des Romains. L'appareil
des murs et les mortiers employés sont assurément d'une
époque plus moderne, et M. Ph. Lalande a eu raison de
dire que « cette ruine pittoresque n'offre en réalité qu'un
intérêt restreint : nul au point de vue historique [puisque
jusqu'à ce jour aucun document probant n'est connu, et
que seule la légende de Mandrin y donne un intérêt] presque nul au point de vue archéologique. »

Pille-Brive n'en est pas moins une curiosité, une sorte
de point d'interrogation posé devant les archéologues du
Bas-Limousin, c'est pourquoi nous le faisons figurer ici,
espérant qu'un jour le hasard nous apportera un document
expliquant pourquoi et par qui fut fortifié le rocher dont
ci-dessus un dessin.

Si Pille-Brive n'a pas d'histoire précise, il n'en est pas
de même de *Couzage*, qui remonte au xii° ou xiii° siècle,
mais dont les ruines actuelles ne laissent voir que le style
du xiv° siècle. Ruines imposantes avec mur d'enceinte,
tour ronde à machicoulis et meurtrières, corps de garde,
grand corps de bâtiment, enfin donjon à plusieurs étages
ne mesurant pas moins de 18 à 20 mètres de hauteur,
malgré l'absence de sa couronne de créneaux.

A ajouter encore, dans la commune de Chasteaux, le
château du Sorpt, qui fut aux d'Anglars.

CLERGOUX. — La commune aux étangs. On en
compte une dizaine, dont un n'a pas moins de deux kilomètres de pourtour. C'est au bord d'un de ces étangs que
s'élève le château de Sédières, datant, en partie, du xiv°
siècle. Violet-le-Duc le cite dans son *Dictionnaire raisonné de l'architecture française du XI° au XVI° siècle*. D'a-
près lui, le gros logis de façade, la porterie au-delà de la
cour d'honneur et la grosse tour auraient été construits
au xv° siècle ; les tourelles, cheminées et autres accessoires seraient du xvi° siècle. « C'est ainsi que ces manoirs
du moyen-âge, dont les premiers possesseurs avaient fait
des résidences fortifiées, se changeaient, au xvi° siècle, en

demeures de plaisance, ne conservant de leur ancien caractère que des machicoulis devenus inutiles et des morceaux de fossés au-devant des portes. » Sédières est l'un des plus beaux châteaux anciens de la Corrèze.

COLLONGES. — Ce bourg du canton de Meyssac n'est pas seulement intéressant par l'église dont nous avons parlé. Il est d'autre part attrayant parce qu'on y trouve un peu partout des vieux châteaux, des vieilles maisons, des restes d'un temps où ce bourg était une ville murée, gardée par des fossés, des ponts-levis, des portes, etc.

Parmi ces vieilles constructions, il en est deux qui attirent plus particulièrement l'attention, ce sont les châteaux Farges et de Maussac. Le premier, précédé d'une cour, est un vaste corps de bâtiment en retour d'angle, flanqué de deux tours hexagonales à trois étages. L'une de ces tours est percée d'une porte en accolade ornée de deux légers pinacles en appliques, d'une fenêtre quadrangulaire grillagée au premier étage, d'une autre en accolade et à meneau transversal au second, enfin d'une troisième, rectangulaire, aussi à meneau, au dernier étage. La toiture moderne est percée de lucarnes-chatières.

L'angle du bâtiment, aveugle sur la rue de la Garde, est flanqué d'une tourelle à poivrière, en encorbellement, avec cul de lampe à boudins, aussi percée de meurtrières. Le dessin ci-après de M. E. Rupin rend bien la physionomie de ce château, qui date de la fin du xvie siècle, si l'on s'en rapporte à l'inscription suivante qu'on lit au-dessus de la porte d'une des tours :

F. L. 1583.

qu'on peut traduire par *fecit l'an 1583*.

Le second château cité à Collonges est celui des Maussac, famille originaire de Ligneyrac. Cette construction, trop cachée par les terrains environnants, est moins importante que la précédente, mais plus élégante. Enfermée dans une sorte de cour d'honneur, où l'on pénètre par un portail couvert (qui est bien moins ancien que les autres constructions), ce vieux manoir se compose de deux bâtiments posés d'équerre et flanqués chacun de deux grosses tours carrées portant en angle une tourelle en

CHATEAU FARGES A COLLONGES

(Cliché communiqué par la *Soc. arch. de la Corrèze*)

encorbellement et à poivrière s'élevant au-dessus des toitures des tours.

L'ensemble de l'architecture dénote une construction de la fin du xve siècle ou commencement du xvie; pourtant un acte du 6 mai 1415 parle de l'hôtel appelé de Maussac, à Collonges. Voici un dessin de cette demeure.

L'HOTEL DE MAUSSAC A COLLONGES
(Cliché communiqué par la *Soc. arch. de la Corrèze*)

CORNIL. — La vieille église de Cornil a son clocher quadrangulaire, sur coupole, son abside à arcature et à pans coupés dont les angles sont ornés de colonnettes à jolis chapiteaux ; son transept et ses absidioles, tout cela de la bonne époque romane. Et de plus, près d'elle, se trouve cette ruine si imposante, où furent trouvées les monnaies mérovingiennes portant: CORNILIO CAS [TRO] sur la face, et BONUS MON [ETARIUS] au revers.

Un vieux dicton populaire, voulant peindre l'indolence et la paresse des habitants du bourg de Cornil, canton de Tulle dit : *O Cournir, l'en se gratto l'embounir* (A Cornil, on se gratte le nombril). Perché au sommet d'un chaînon des collines tulloises, le bourg de Cornil, ensoleillé à la première heure, invite bien ses habitants à imiter le lézard qui se réchauffe au soleil. Aussi prétend-on que les habitants de Cornil allaient autrefois paresser au pied du château de leur seigneur et vivaient tant mal que bien sans trop travailler. C'est dire qu'il y avait jadis un château à Cornil, il y en avait même deux : celui de *La Chapoulie* et celui de *Salegaye* (1). De ce dernier il ne reste rien, mais les ruines de la Chapoulie s'élèvent encore imposantes tout auprès de l'église. Notre distingué géographe-archéologue J. B. Champeval les décrit comme suit :

« Elles se dressent sur l'axe du tunnel qui traverse la montagne, et présentent un donjon aux trois quarts démoli, autour duquel gisent épars et noircis par les siècles, des restes de murailles que la main de l'homme n'a pu détruire, mais que le temps plus poétique, a tapissé de lichen et de lierre.

» Le donjon est formé de deux bâtiments carrés, contigus, d'inégale hauteur ; le plus élevé à cinq étages. On y voit de larges cheminées dont on a enlevé les belles pierres. Une tourelle appliquée contre le donjon contenait autrefois l'escalier. Les fenêtres, irrégulièrement percées, sont rectangulaires et ont leurs angles taillés en biseau. Tout l'édifice est garni de machicoulis dont les consoles allongées sont divisées en trois ou quatre retraites. L'ensemble des constructions rappelle la fin du xive siècle ou la première moitié du xve. »

Cette église de Cornil, plus ancienne d'au moins deux

---

(1) Voir *L'année de la peur à Tulle.* par Victor Forot.

cents ans que le château, et les ruines elles-mêmes devraient être classées depuis longtemps. — Attendez-vous que tout soit à terre pour cela ?

RUINES DU CHATEAU DE CORNIL
(Cliché communiqué par la *Soc. arch. de la Corrèze*)

CORRÈZE, possède quelques restes de ses anciennes murailles, une porte, quelques tourelles et un clocher anglais. A trois kilomètres du bourg, voici la « petite gentilhommière aux formes féodales qui remonte assez haut » et qu'on nomme le château de Vyers, propriété de M. J. B. Champeval « l'ardent et sagace érudit dont le nom sera un jour l'une des gloires de la ville » de Corrèze.

Un peu plus bas, près de la route qui conduit vers Tulle, le château du Bech, superbe résidence rappellant celles du xviie siècle, montre ses quatre tourelles d'angles crénelées à toitures pointues à une altitude de 500 mètres.

COSNAC possède le vaste château de la famille si connue des Cosnac. Magnifique construction du xviiie siècle.

CUREMONTE, bourg ancien du canton de Meyssac, avec une population agglomérée de 300 habitants, était autrefois une petite ville féodale, « une pépinière de nobles » accrochée sur le flanc et la crête d'une longue colline au pied de laquelle coule la Sourdoire. Vu du chemin n° 24 du Puy d'Arnac à Queyssac, ce bourg semble une immense forteresse placée là pour défendre la vallée. C'est ici en effet que vivaient et guerroyaient les Curemonte, famille des plus anciennes du Bas-Limousin, les Cardailhac qui, ainsi que les précédents, dataient d'avant les croisades, les de Plas, premiers barons de la vicomté de Turenne, et d'autres encore qui habitaient les vieilles demeures de Curemonte, tels que les Vayrac, les Faydit, les St-Michel, les Cosnac, les Belcastel, les Vigouroux, les La Jouanie, les Balthazar, seigneurs de Valon, du Quercy etc., etc. Parmi les anciens châteaux de ces familles celui des de Plas et des Saint-Hilaire sont les plus importants. Ils s'élèvent l'un et l'autre au milieu d'une vaste enceinte d'où se détachent d'anciennes tours de garde. Le plus ancien de ces châteaux est celui dit des Saint-Hilaire parce qu'il fut construit par cette famille au cours du xve siècle. C'est un vaste bâtiment rectangulaire avec à ses angles trois énormes tours rondes percées de petites ouvertures rectangulaires (qui furent autrefois des meurtrières). Elles sont couronnées par des machicoulis sur triples corbeaux. Du côté opposé deux autres tours en encorbellement font saillie sur le corps de logis. Toutes ces tours communiquent entre elles par une galerie fermée, percée de meurtrières et posée sur corbeaux dentelés. On pouvait ainsi contourner dans le haut l'ensemble du château en suivant cette galerie de garde et de défense.

CHATEAU DES St-HILAIRE A CUREMONTE

(Cliché communiqué par la *Société arch. de la Corrèze*)

Le second château dit des Plas est un peu moins ancien, il fut construit par un membre de cette famille qui était évêque de Périgueux en 1525. Il se compose d'un grand corps de logis avec un donjon carré dominant toutes les autres constructions. Ce donjon percé de meurtrières, couronné de machicoulis sur triples corbeaux est en saillie sur le bâtiment principal qui a trois étages et dont les fenêtres sont à meneaux et les portes surmontées des armes des de Plas : *D'argent, à trois jumelles de gueules posées en bande.*

CHATEAU DES de PLAS A CUREMONTE

DONZENAC.— Le clocher qui décore cette église a une vague ressemblance avec celui de la cathédrale de Tulle. Il est loin, très loin de l'atteindre tant en hauteur qu'en élégance, pourtant si la flèche tulloise n'existait pas celle de Donzenac paraîtrait plus belle. — C'est une œuvre du XIVe siècle ; la tour n'est pas sans élégance, mais la flèche laisse à désirer. — Cependant telle qu'elle est, elle ne déparerait pas la liste des monuments historiques. — Il faudrait donc la classer.

ESPAGNAC possédait autrefois trois châteaux, il n'en reste plus qu'un, celui de Puy-de-Val coquettement restauré, ou plutôt reconstruit depuis à peine un demi-siècle. C'est une des habitations de la Corrèze parmi les plus agréables et les plus intéressantes, car on y trouve des peintures murales (restaurées) datant du xive siècle, époque probable de l'origine du château.

EYBURIE. — Au village du Verdier se voient les restes d'une grande tour ronde, des curieux débris de sculptures sur marbre, des armoiries, etc. et les belles tours modernes qui ont remplacé les ruines de l'ancien château.

FAVARS eut autrefois un château comptant parmi les plus anciens des environs de Tulle. Le *Cartulaire de Beaulieu* fait mention de cette seigneurie. La grosse tour ronde que nous voyons aujourd'hui date, par sa base, du xiiie ou xive siècle, mais elle fut démolie en grande partie pendant la période révolutionnaire.

Nous avons raconté ailleurs les événements de janvier 1790 à Favars (1). La famille Dubois de Saint-Hilaire, propriétaire de Favars, après l'émigration ne revint pas dans le pays, et en 1823, les Veilhan, de Tulle, devinrent acquéreurs des restes du château et firent relever le donjon dont voici un dessin.

GIMEL, si connu par ses belles cascades, possède aussi les ruines de la chapelle de Saint-Etienne de Braguse et les autres ruines plus imposantes encore de son vieux château qui sont tout auprès de l'église paroissiale.

GOULLES. — A deux kilomètres du chef-lieu de la commune de Goulles, canton de Mercœur, tout près du ruisseau de la Bedaine, sur un cône raviné s'élèvent les

(1) *L'année de la peur à Tulle*, par V. Forot.

tours en ruine des CARBONNIÈRES. Reste d'une ancienne forteresse que M. Bombal décrit ainsi dans le bulletin de la Société Archéologique de la Corrèze : « Ces

DONJON DE FAVARS
(Dessin de M. Michel Soulié)

deux tours ont approximativement huit mètres de côté

et vingt-cinq de hauteur. Elles sont sans couronnement.
La tour du sud est actuellement composée d'un rez-de-

RUINES DE CARBONNIÈRES

(Cliché de la Soc. arch. de la Corrèze)

chaussée et de deux étages. Une porte ouverte au sud, sur
un rocher de difficile accès, en est l'unique entrée. Par là
on pénètre dans le rez-de-chaussée, éclairé seulement par
une meurtrière ; on y remarque les restes d'une voûte en
berceau. Le second étage à trois croisées ; il est couvert
par une autre voûte en berceau assez bien conservée.
L'angle sud-est, dans lequel est pratiqué un escalier tournant partant du rez-de-chaussée, disloqué à sa base par
le canon au temps des guerres religieuses, s'écroula en partie, il y a quelques dix ans (1872)... le reste de la chaîne
de cet angle est maintenant en surplomb... Dans l'intérieur on ne trouve pas de cheminées.

» A environ trente mètres plus loin vers le nord est la
seconde tour. Son unique porte d'entrée est pratiquée
dans le mur du nord, à environ quatre mètres au dessus
du sol. — L'épaisseur des murs est de deux mètres. Les
fenêtres regardent le nord. Les premier et deuxième étages ont eu des voûtes d'arêtes. Le troisième étage est aujourd'hui à ciel ouvert. Un escalier à vis, communiquant
avec tous les étages, s'élève dans l'angle nord-est. Il n'en
demeure qu'une demi-course en haut. Aucune de ces deux
tours n'a de vues sur l'autre. »

Sur les flancs du mamelon qui supporte ces deux tours
se voient des murailles en ruine montrant que les constructions s'étendaient jusqu'au bas.

Il est difficile d'assigner un âge précis à ces ruines, spécimen remarquable de l'architecture féodale du Bas-Limousin au cours des xiii°, xiv° et xv° siècles. les deux
tours n'étant pas de la même époque.

HAUTEFAGE. — L'Eglise n'a qu'une nef, pas de bas
côtés, ni de transept, mais un clocher-porche et une abside
pentagonale. M. Poulbrière dit que « c'est la plus belle du
doyenné de Servières, qui en compte plus que
d'autres d'assez intéressantes. Son porche à voussure,
aussi profond que son clocher, en est la pièce la plus curieuse. » M. R. Fage qui a donné une bonne étude sur cette église dit que dans ce clocher-porche « on trouve, en ef-

fet, les principaux caractères des portails limousins avec une disposition tout à fait spéciale et peut-être unique des colonnettes : Les bases sont composées de deux tores, reposant l'un sur l'autre sans gorge intermédiaire, le supérieur moins gros et moins saillant que l'inférieur. Ce profil est classique et très commun en Limousin du xie au xiiie siècle. Les chapiteaux sont minces, allongés, pauvrement sculptés, et n'ont pas de tailloir.

« . . . Enfin les boudins de l'archivolte sont du même diamètre que les colonnettes. L'archivol est brisé. Tels sont les caractères qui rattachent le portail de Hautefage à la famille des portails de la région. »

Ce porche daté du xiiie siècle, mais le clocher est du xive siècle dans sa partie supérieure.

JUILLAC. — Intéressants vestiges de l'ancien château du cardinal de Givry (Anne des Cars) où les armes de ce prélat et diverses autres sculptures témoignent d'une construction remarquable, mais dont il reste bien peu de chose, comme l'indique la photographie ci-après (1).

RUINES DU CHATEAU DE JUILLAC
(Cliché de la Soc, arch. de la Corrèze)

(1) Voir à ce sujet les *Cardinaux Limousins*, par Victor Forot.

LAGRAULIÈRE. — En 1909, M. René Fage publiait dans le *Bulletin monumental* un article sur l'*Eglise de Lagraulière*, nous y puiserons les détails qui suivent.

« L'église n'a qu'une seule nef, coupée par un transept en deux parties à peu près égales. Le croisillon du sud est moins long que celui du nord ; sur ce dernier s'ouvre une absidiole voûtée en cul-de-four. La nef se termine à l'est par un mur droit. Une coupole sur pendentifs couvre le carré du transept. Le croisillon du nord est voûté en berceau. Tout le surplus de l'église est plafonné. Du porche on descend dans la nef par un escalier de quelques marches. Une petite porte ouverte dans le mur occidental de chaque croisillon. La nef, le cœur et le transept sont éclairés chacun par deux fenêtres. Tel est, dans ses lignes essentielles le plan de l'église. »

Cette église date en partie de l'école romane, du xiie siècle. La coupole, dit M. Fage, « présente une particularité remarquable, dont nous ne connaissons pas d'autre exemple dans la région. Elle est découpée à sa base par huit pénétrations aveugles, à profil brisé, ayant pour fond un mur droit. La coupole n'ayant pas de tambour et sa calotte reposant directement sur les pendentifs, ces pénétrations vont en s'approfondissant dans le haut pour rejoindre le mur droit qui les aveugle. » Cette coupole est construite en moellons, et une large ouverture circulaire a été laissée pour permettre le passage des cloches, le clocher étant au-dessus.

M. Fage explique le but de l'architecte qui a conçu le plan de cette coupole: « C'est un motif de décoration. Sans l'emploi de moulures, sans un appareil de pierres de taille sans baies perçant la calotte, il est arrivé à produire un jeu de lumière. Le jour venant d'en bas, du transept et de l'abside, s'arrête dans la profondeur des pénétrations et se reflète sur l'intrados des voussures. La calote, qui est assez basse, paraît plus élancée, plus haute. Avec son ouverture circulaire au centre et ses découpures à profil brisé du pourtour, la coupole de Lagraulière ressemble à une grande étoile à huit branches couvrant le transept. »

Le portail de cette église s'ouvre sous un porche, surmonté d'un logis (deux vastes chambres l'une au-dessus de l'autre). Il est de l'époque romane à colonnettes surmontées de très jolis chapiteaux représentant des animaux, des chimères, des feuillages, etc. Ce sont de magnifiques motifs de sculpture, comme les panneaux qui ornent les deux parois du porche. Nous l'avons dit ailleurs (1) ces sculptures représentent, à gauche l'ange du jugement dernier, sa balance à la main, auprès du mort à la tête duquel se trouvent deux personnages trop mutilés pour être reconnaissables.

A droite, sous des portiques, deux bas reliefs symboliques : Un homme portant une escarcelle qu'il presse sur sa poitrine et ayant le diable grimaçant sur ses épaules : symbole de l'Avarice.

Sous le second portique, un homme cheminant vers le premier et portant un énorme poisson sur ses épaules : symbolisme qui nous échappe. L'ensemble du porche est remarquable, mais on y reconnaît sans peine les retouches du moyen-âge comme aussi la signature des artistes qui est figurée par le clocher limousin enchâssé dans un des panneaux.

LAGUENNE possède une église, en partie du XIIᵉ siècle et partie du XVIᵉ, qui, comme Lagraulière, dont nous venons de parler, a un cachet particulier à cause de son vaste porche supportant une habitation, et aussi à cause de la plaque commémorative de la construction de l'église qui se trouve sous ce porche. Nous avons donné ailleurs la traduction des lignes tracées sur cette plaque de marbre (2). L'extérieur de l'église n'a rien autre de remarquable sauf une pierre où se trouvent gravées des armoiries et une date : 1508, dont ci-après une reproduction.

L'intérieur avec ses voutes, ses piliers, ses colonnes et

---

(1) V. Forot. *Les Chambres des Pères à Lagraulière.*

(2) Victor Forot. *Un vieux bourg fortifié en Bas-Limousin*, Paris 1910.

ses chapiteaux marque le xiie siècle. Le chevet surtout mérite une mention spéciale.

A peu de distance de l'église, belle maison du xive siècle. bien restaurée, où naquit le cardinal Sudre, croit-on, et dont ci-après un dessin que nous devons au talent de notre jeune ami, le docteur Tony Champ.

LANTEUIL possède un joli château dont certaines parties remontent aux xiiie et xive siècles. — D'autres datent de la Renaissance, par les cheminées, les lucarnes, etc. ; d'autres enfin sont du xve siècle : la tour ronde à cul de lampe, les serrures des portes. On y voit les armes des Foucaud, maison aussi ancienne que la chevalerie et qu'on trouve au xie siècle.

LIGINIAC. — Dans ses *Archives Municipales de la ville d'Ussel*, M. Huot dit que l'église de Liginiac est la plus curieuse de l'arrondissement d'Ussel, après celle de Meymac. Il aurait pu ajouter aussi celle de Saint-Angel. Mais il est certain que cette église de Liginiac a le caractère bien marqué du roman pur, par son portail à colonnettes et ses boudins, et que son abside est une petite merveille de pureté et de beauté de style.

MAISON DU CARDINAL SUDRE

Jolis chapiteaux dans le chœur dont la voute est soutenue par cinq arcades à plein cintre, mais qui en a deux aveugles.

Le clocher est moins ancien que l'église; nous le croyons de la fin du XII° siècle, ou commencement du XIII°. C'est une tour carrée avec corbeaux et fenêtres à lancettes sur un porche ouvert de trois côtés, dont la voûte repose sur des consoles à masques. La toiture est à quatre eaux percée de quatre lucarnes rampantes.

Le bijou de cette église est cloué sur les vantaux du portail. « C'est un entrelacement sans fin d'arabesques dont les extrémités représentent des pommes de pin, des têtes de serpents, d'hommes, d'animaux ; la poignée du verrou est surmontée d'une tête d'homme couronnée ; le heurtoir est formé d'un ours accroupi dont la tête est traversée par l'anneau sur lequel il bascule. » Ce délicat travail de serrurerie, est le plus beau que nous ayons en Corrèze. Il date, croyons nous du XIII° siècle.

L'église et les ferrements devraient être classés depuis longtemps.

La commune de Liginiac possède aussi les belles ruines du *château du Peyroux*. Imposants pans de murs avec des fenêtres sculptées et de jolies cheminées renaissance qui font souvenir des Ventadour, les anciens seigneurs du lieu.

Autre château, celui de *Marège*, très bien conservé avec ses grosses tours rondes aux angles du vaste logis qu'habite M. le baron Bonafos de Bélinay.

LIGNEYRAC. — Bien que romane dans son sanctuaire et son chœur, l'église de Ligneyrac ne mérite pas une mention spéciale, mais son clocher, de même style, est bien conservé. C'est une belle tour carrée se recommandant par ses jours géminés groupés deux à deux sur chaque façade. Cet intéressant clocher devrait être classé.

A deux kilomètres au sud du bourg, très joli spécimen

de gentilhommière du xvie siècle dite le *château du Peuch* à l'entrée de la vallée de Turenne.

LISSAC a le château de son nom qui tient à l'église du bourg. Il est du xive siècle par sa grosse tour ronde. Le donjon carré, la tourelle en encorbellement et les fenêtres du corps principal accusent le xve siècle.

Plus loin, sur un mamelon, le *château de Moriolles*, dont ci-après une vue, remarquable par ses fossés taillés dans le roc et sa porte monumentale à chaînons de pierre. Dans le parc, belles grottes de main d'homme, l'une d'elle sert de tombeau à la famille de mon regretté ami Gaston Godin de Lépinay.

LUBERSAC. — En plus de sa belle église, dont nous avons 'parlé, Lubersac possède une petite perle moderne copiée sur les siècles passés, c'est le *château du Verdier*, ou de Lubersac. En façade deux pavillons style xviie et xviiie siècles. Du côté opposé deux majestueux groupes de tours rondes et carrées, style du xve siècle, le tout sur une motte genre féodal.

MALEMORT conserve les ruines de son vieux donjon, comme aussi le beau *château du Jayle* qui paraît moderne à l'extérieur bien que datant du xvie siècle.

NEUVILLE se montre au loin par la belle silhouette de sa tour en ruine, seul reste très imposant d'un château du xve siècle, qui fût détruit pendant les guerres de religion, en 1569 « lorsque les camps de MM. les princes et de l'amiral passèrent en ce présent pays ». Magnifique ruine décrouonnée montrant cependant encore ses six étages.

NOAILLAC. — « Ce qui frappe d'abord au-dessus des toitures, écrit M. Poulbrière dans son *Dictionnaire des Paroisses*, c'est la tour massive du clocher, dominant une église romano-ogivale qui n'est pas sans mérite, et qui fut

CHATEAU DE MORIOLLES (Cliché communiqué par le Ser. Arch. de la Corrèze)

fortifiée. Les modillons ouvragés du sanctuaire en sont surmontés d'un encorbellement à double ou triple saillie, sur lequel glissait autrefois une galérie de défense. Poligonal à l'extérieur, ce sanctuaire est à l'intérieur en hémicycle revêtu d'arcatures. Il est précédé d'un chœur roman commè lui, et comme lui revêtu d'arcades, entre deux doubleaux aigus que portent sur pilastres des demicolonnes. A ces colonnes, de même qu'aux colonnettes' des arcades, chapiteaux historiés. On voit à l'un la *Faute de nos premiers Parents* : Adam reçoit la pomme d'Eve, qui la reçoit elle-même du serpent, enlaçant la tige d'un arbre et montrant au-dessus du feuillage la tête humaine qui parlait à la femme, dans l'idée du sculpteur ; une croix sans nimbè derrière la tête et un autre personnage décèle la présence de la Divinité, peut-être même la promesse d'un Réparateur. Ailleurs est cet enfant symbolique plusieurs fois signalé, qui assis parmi les lions, les retient par la gueule (1). Deux sirènes se dessinent sous le tailloir de droite de la fenêtre du fond. Enfin sur d'autres chapiteaux on remarque des monstres, tantôt accouplés, tantôt enlacés. Roman du XIIe siècle partout, très vraisemblablement.

« Quant à la nef, qu'on a refaite à peu près en entier, elle appartient nettement au gothique. Trois belles travées, éclairées au midi de fenêtres légèrement tréflées, y sont flanquées, près du chœur, de deux hautes chapelles, faisant un plan crucial. Aux clefs de voûte de ces chapelles brillent les armes de la maison de Noailles : *(de gueules à la bande d'or.)* . . . Tout dans cet ensemble, comme aussi dans les nervures, dans les colonnettes de support, dans les stalles armoriées du chœur, accuse le XVe siècle »

NOAILLES. — Combien est sévère l'architecture de ce clocher à mur plat, et assez épais pour former porche au

(1) Nous avons constaté la présence de cet enfant sur bon nombre de chapiteaux de nos églises corréziennes: Saint-Robert, Chameyrac, Noailles, etc. *(Note de Victor Forot).*

devant du portail de cette église de Noailles. En outre de
ce porche et du portail trilobé avec colonnettes et chapiteaux sculptés, ce clocher, dans toute sa large et haute surface, n'offre pour toutes ouvertures que quatre étroites
meurtrières (?) Et encore deux sont elles destinées à
l'éclairage de la tour carrée formant la cage de l'escalier
qui conduit aux cloches. Cette tour fait corps avec le clocher lui-même, ne s'en distinguant même pas par l'appareil des assises de la pierre. Seule la partie haute, au niveau des quatre baies romanes, qui termine le clocher
fait montre d'une tour avec sa toiture à quatre eaux différente de celle à deux eaux du clocher lui-même. L'église
est en forme de croix latine. L'abside à cinq pans et le
chœur, sauf les fenêtres, ont conservé leur caractère roman. On y remarque de très jolis chapiteaux du XIIe siècle:
Un estropié marchant avec des béquilles, un autre por-
tant un sac sur les épaules, deux moines se tirant la bar-
be, que nous avons rencontrés déjà dans l'église de Chameyrac et ailleurs, enfin l'*Enfant aux lions* dont nous venons de parler au sujet de Noaillac.

Les pilastres de la nef, ainsi que la porte accusent le
roman, mais on voit du XVe, du XVIe et même du XVIIe siècle
dans les chapelles.

Bien que sortant de notre sujet archéologique, nous
voulons signaler l'épitaphe que nous avons lue sur le mur
méridional de la nef :

Ici est déposé le cœur
du général vicomte de Noailles
mortellement blessé le 31 décembre 1803
en vue de la Havane.
Ses soldats ont rapporté ce cœur en France
suspendu à leur drapeau.

C'est ce même de Noailles qui, dans la nuit du 4 août
1789, proposa à l'Assemblée constituante l'abolition des
privilèges.

Le château de Noailles se compose de deux hautes tours
carrées surmontées d'un encorbellement veuf peut-être de
ses machicoulis. Entre les deux, un bâtiment dont les ou-

vertures ont été refaites et encastrées de fenêtres mi-go-thiques, mi-renaissance qui proviennent dit-on de l'ancien château de Lafage, construit au xvi° siècle et rasé au xix°.

ORGNAC. — C'est aux confins de cette commune et de celle d'Estivaux que se trouvent les ruines du château des Comborn. Elles datent du xv° siècle. Avec de grands pans de murs, une tour carrée découronnée reste encore debout.

PALISSE. — Bien qu'en ait écrit un auteur plus érudit qu'archéologue (1) l'église n'a pas été *bâtie* en 1495, elle date de l'époque romane (xii° siècle), dans beaucoup de ses parties. Nous citerons ses contreforts plats, ses pilastres à demi-colonnes, ses corbeaux, la porte ouest avec ses ar-chivoltes à boudins, son cintre si bien festonné, presque aussi beau que celui de la cathédrale de Tulle, ses chapi-teaux historiés et tant d'autres choses qui prouvent que ces travaux datent du xii° siècle. Mais pourtant, il faut l'avouer, il pourrait bien se faire qu'en 1495 on ait *re-manié* l'édifice, qu'on l'ait réparé: on y trouve des tra-ces de cette époque, cela est certain. Mais ce qui constitue le *clou* de cette église, ce n'est pas qu'elle soit dite d'un siècle ou d'un autre, cela a peu d'importance, si elle est belle : chaque siècle a ses mérites. Mais ici nous sommes en présence d'une rareté et, pour la Corrèze, je dirai d'une *unité*. En effet, le clocher de Palisse est séparé de l'église. Mais il ne faudrait pas croire qu'il en a été séparé par une cause fortuite ou involontaire, non il a été construit de-vant l'église, sans égard pour elle et avec la ferme inten-tion de construire un clocher *seul*. Mais ne voulant pas être seul aussi à soutenir une pareille thèse, bien que les clochers séparés des églises ne sont pas si rares qu'on pourrait le croire, (j'en ai vu plusieurs, sans compter le *campanile* de Venise que j'ai vu debout le soir et écroulé le lendemain) je vais transcrire ici l'opinion d'un

(1) Nadaud, l'auteur du *Pouillé du diocèse de Limoges.*

maître en la matière : M. le chanoine Poulbrière qui dans son *Dictionnaire des paroisses du Diocèse de Tulle* dit textuellement :

« Le clocher, isolé de l'église, constitue une rareté (unique, je crois dans le diocèse) qu'il a été isolé volontairement et qu'au lieu de s'élever en tour, comme on aurait sujet de s'y attendre en pareil cas, il ne présente qu'un ordinaire mur droit percé de baies en campanile. — Ce n'est pas du nord au sud que s'étend ce mur : c'est de l'ouest à l'est ; de façon à faire équerre (et non suite accidentellement séparée) avec la façade de l'église. De plus, on en a mouluré dans tous leurs aspects les quatre petits étages : étages remarquons-le, inégaux en hauteur et sans trace d'ouverture à la base, qui montent en se retraitant les uns des autres, non seulement au sens de la largeur, mais à celui de l'épaisseur. L'intention d'isolement ne peut donc être contestée, elle est absolument visible. »

Qui ne sera pas d'accord avec nous pour demander la conservation de ce clocher unique en Corrèze et plutôt rare en tous pays ? — Donc pour le conserver faisons le classer parmi les monuments historiques. Ce ne sera pas la conservation absolument certaine... on sait trop pourquoi, mais il y aura une chance de plus pour qu'il soit protégé.

PERPEZAC-LE-BLANC possède une église de style roman (xii⁰ siècle) restaurée à la fin du xv⁰ (1495). Un clocher carré à coupole octogonale supportée par des pilastres à colonnes géminées. Cette église possède un beau rétable du xvii⁰ siècle.

A peu de distance du bourg se trouve le *château du Fraysse*, bâti sur l'emplacement d'un ancien repaire. Cette construction très élégante, bien qu'un peu maniérée, accrochée au flanc de rochers à pic, a été refaite entièrement, il y a quelques années, dans le goût du temps de Louis XIII.

POMPADOUR. — *Château.* — Posé sur un plateau de 450 mètres d'altitude, d'où le regard embrasse un vaste horizon, entouré de fossés, de murs, de tours d'enceinte, le château de Pompadour construit (en partie et dans sa base seulement) aux xv⁰ et xvi⁰ siècles s'élève ma-jestueux montrant ses grosses tours rondes à toitures pointues. L'ensemble de cette colossale construction est orné de machicoulis régnant sur tout le pourtour au-dessus du premier étage. Ce château qui fut, en 1745, propriété de la célèbre maîtresse de Louis XV, la marquise de Pompadour, avait été construit par Geoffroy, évêque de Périgueux et du Puy. Il sert actuellement à loger l'administration du haras national. Le classement demandé depuis longtemps s'impose.

Attenant à Pompadour il y a aussi, dans les dépendances, une vieille tour ronde découronnée qui mérite d'être conservée, c'est la tour du pape Clément VI faisant partie de la Jumenterie de la Rivière.

On se demande vraiment pourquoi ce château appartenant à l'Etat n'est pas classé parmi les monuments histo-riques.

ROSIERS-D'ÉGLETONS. — A trois kilomètres du bourg de Rosiers, entre deux étangs et le Doustre, s'élevait autrefois l'antique château de Maumont qui fut remanié au xvi⁰ siècle, en grande partie ruiné pendant la Révolution, et enfin restauré très artistiquement il y a quelques années par les soins de M. de Vaublanc. La tour carrée, en façade, a été presque entièrement reconstruite avec les anciens matériaux. On y voit les armes des Maumont sculptées dans le tympan ogival qui surmonte la porte d'entrée. Une large fenêtre à meneaux et accolades s'ouvre au premier étage. Le deuxième est éclairé par une autre fenêtre aussi à meneaux décorée d'un bandeau en relief retombant sur les chambranles. Au-dessus de cette fenêtre règne, autour du donjon, une galerie crénelée à machicoulis. — Le corps principal de la construction est encore flanqué d'une tour ronde et l'angle opposé d'une tourelle en vedette, (en poivrière).

Ce château des Maumont a son histoire remontant au XIIᵉ siècle, mais il a aussi sa légende qui veut que ce soit le berceau de nos papes limousins Clément VI et Grégoire XI. — Or il est reconnu aujourd'hui que les Roger naquirent au bourg même de Rosiers, dans un château n'existant plus depuis longtemps. — Cela n'empêche pas le château de Maumont d'avoir son intérêt. — Nous en donnons un dessin.

SAILLAC. — C'est surtout à cause des nombreuses sculptures qui s'y trouvent que cette église mériterait la faveur du classement. En effet, on y voit, à l'entrée du sanctuaire quatre chapiteaux représentant chacun *les Animaux évangéliques : Homme et Lion* au nord, *Taureau et Aigle*, au midi. Au portail d'ouest, qui est le grand portail d'entrée, voici un très joli tympan de bonne facture et bien conservé, représentant *l'Adoration des Mages*. C'est une belle page : L'Enfant Jésus est assis sur les genoux de sa mère ; à côté de celle-ci, nimbé et pieds nus, un homme est debout : Saint-Joseph sans doute. Au devant d'eux s'approchent les trois mages portant leurs présents à la main. Deux de ces rois semblent vieux tandis que le troisième est représenté encore jeune. Le tableau se complète par les montures des rois-mages qu'on voit à mi-corps. Au-dessous se trouve une frise originale ; elle représente un animal ailé courant armé de deux rangées de crocs effroyables et dévorant un enfant.

SALON-LA-TOUR. — Cette église n'a pas un bien grand caractère extérieur, c'est plutôt à l'intérieur qu'il faut la voir. C'est un grand vaisseau roman du XIIᵉ siècle avec au bout un sanctuaire à arcades plus légères, mais non moins belles que celle de la nef qui reposent sur des pilastres massifs et trapus, alors que dans le chœur elles s'appuient sur d'élégantes et légères colonnes. — On ne

CHATEAU DE MAUMONT

(Cliché communiqué par la *Soc. arch. de la Corrèze*).

trouve ici ni transept, ni chapelle pouvant rappeler le plan crucial, mais la marque du roman est donnée par l'abside à pans coupés et par le portail à tores sur colonnettes.

L'église de Salon-la-Tour a son caractère particulier méritant sa conservation. On y trouve çà et là des chapiteaux détachés qui doivent aussi être conservés. — Comme à Lagraulière et à Beaulieu, on y voit un bas-relief, représentant l'*Avarice*. Ce *Diable* à califourchon sur l'homme se trouve donc un peu partout ?

Tout auprès de cette église de *Salon-la-Tour*, voici *la tour* qui a donné le qualificatif. C'est une haute construction carrée, flanquée de huit contreforts plats (deux pour chaque face) et percée de nombreuses meurtrières. — Dans le haut, sur un cordon bien saillant, s'ouvrent quatre belles fenêtres à plein cintre qui pourraient bien dater de la fin du xie siècle et avoir vu les guerres dont parle la chronique de Geoffroy de Vigeois, guerres qui se terminèrent par l'accord du 14 septembre 1173 (1), lorsque Bernard, oncle du vicomte de Limoges rendit le château d'Excideuil à son neveu Aymard, qui de son côté s'engagea par serment à laisser à son oncle le château de Salon.

L'Eglise et la Tour de Salon doivent être comprises dans le prochain classement.

Dans cette même commune se trouve le *château du Fraysse*, voisin du bourg. Il appartient à M. de Cosnac qui nous dit que c'est « un curieux spécimen de l'architecture du moyen-âge, avec son escalier en spirale, ses moucharabys, ses bancs de pierre dans les embrasures des fenêtres, ses hautes cheminées à manteaux armoriés. Chaque pièce conserve des traces de peintures murales en forme d'encadrement pour les tapisseries absentes. Ces peintures dans leurs dispositions variées reproduisent des dessins de cartes à jouer, elles doivent être contemporaines de l'époque de Charles VI. Les embrasures des fenê-

(1) Chronique de Geoffroy, prieur de Vigeois traduite en français par F. Bonnélye p. 126. — Tulle, imp. Detournelle 1864.

tres, qui n'étaient pas susceptibles de recevoir des tentures montrent des traces de peinture à fresques dont quelques unes représentent des cubes en forme de dés. »

Le *château du Pin* est aussi aux de Cosnac qui l'ont restauré et agrandi en y ajoutant tours et tourelles, créneaux sur encorbellements, même des échauguettes qui donnent très bon air à cette construction moderne de style moyenâgeux.

Le *château de la Grènerie* fut construit dans la seconde moitié du xv⁰ siècle, dans sa forme actuel qui n'a été depuis que complétée et réparée. C'est un ensemble de tours rondes et carrées encadrant un vaste corps de logis flanqué d'un gros donjon ; le tout sur une vaste terrasse. C'est un des plus beaux châteaux de la Corrèze.

SARRAN. — Le château de Bity se trouve à 2 kilomètres du bourg. Il est imposant par sa masse avec ses deux tourelles suspendues en poivrière sur les angles de la façade que domine un pavillon central à couverture cintrée en demi accolade. A l'arrière, un lourd donjon carré pique vers le ciel sa girouette féodale.

SÉGUR. — Dont nous avons parlé à cause de sa châ-

RUINES DU CHATEAU DE SÉGUR
(Cliché extrait de l'*Histoire de la Corrèze*. Eyboulet, éditeur).

pelle classée, a aussi les ruines de son ancien château qui fut une vaste forteresse, comme l'indiquent les restes qu'on y voit au-dessus de la bourgade.

Il y a encore quelques vieilles maisons et notamment celle qui fut aux Perusses des Cars, très intéressante à cause de ses fenêtres à meneaux finement moulurées, dont une est décorée d'une belle accolade ogivale.

SEILHAC. — A son petit château rajeuni depuis la Révolution par deux pavillons à façades bien peu symétriques. Seule la tour d'escalier est ancienne (fin du xvie siècle). Ses quatres tourelles lui donnent pourtant un air guilleret et agréable.

SÉRANDON. — A peu de distance des gorges sauvages de la Dordogne, voici une des plus belles églises de la Corrèze. Elle est romane dans sa plus grande partie : Porche, nef, abside, chœur et plusieurs travées sont du xiie siècle. Les chapelles et les clochers, de même que la façade encadrant le porche sont d'une époque plus récente, de 1495 peut-être.

L'abside est à cinq pans. — Dans la nef deux travées sont à pilastres, dans le chœur se voient aussi des pilastres à demi-colonnes.

Le porche est cintré avec un encadrement formé par des personnages et par des animaux. — *L'Homme à la bourse* qu'on trouve à Salon-la-Tour, Lagraulière etc. et *la Femme* nue s'y voient, comme à Beaulieu, ils personnifient l'avarice et la luxure. — Plus loin s'y montre *l'orgueilleux paon*, et la colère y est représentée par *deux coqs* combattants etc., etc. Avec un peu d'attention on y découvrirait certainement la représentation de toute la série des péchés capitaux.

Les murs soutenant la voûte, qui est en pierre de taille, sont couverts de beaux motifs sculptés en bas-relief. A gauche, nous voyons un homme barbu monté sur un âne que suivent deux moutons. — Deux autres personnages nus, accroupis. Ces deux bas-reliefs, sont séparés par une colonne, comme à Lagraulière, et le chapiteau, fort joli, représente deux vautours s'arrachant un lièvre.

A droite nous retrouvons *Daniel dans la fosse aux lions* et l'Ange venant le visiter, que nous avons déjà vu à Beaulieu.

La porte cintrée, qui est fort ancienne, a des pentures, un peu grêles, il est vrai, mais datant du xiie siècle bien probablement

N'oublions pas les corbeaux romans qui aussi sont intéressants.

SAINT-AUGUSTIN possède une vieille demeure seigneuriale dont se titrait un prétendu descendant des ducs de Rohan-Ventadour, c'est le *château du Tourondel* si bien situé auprès de son lac miniature où se mirent ses deux tourelles carrées et sa grosse tour ronde. L'ensemble ne remonte pas à plus haut que le commencement du xviie siècle, car «les ennemis du roi après un siège en règle» l'auraient incendié en 1599, et Marguerite de Gimel y aurait alors trouvé la mort.

Citons aussi, dans cette même commune, le *château de Beyssac*, bien mieux conservé et plus ancien que le précédent. Gardé par trois grands étangs alimentés par les ruisselets descendant des Monédières, il l'était autrefois mieux encore par son voisin, aujourd'hui disparu, le *château de la Tour*.

SAINT-BONNET-LE-PAUVRE. — C'est dans cette commune, qui est loin d'être riche, si l'on en croit son nom, que se trouve la jolie résidence du Rieux. — Château où le maréchal Ney trouva, en 1815, le dernier de ses asiles avant d'être pris au manoir cantalien de Bessonie. — Cette demeure isolée, presque au milieu d'un grand parc, avec près d'elle une vaste cour fermée par une balustrade de pierre relevée par une échauguette, a un aspect vraiment féodal. Une tour d'angle, sur cul-de-lampe à corbeaux, relève le corps principal du logis auquel vient s'appuyer une grosse tour octogonale percée de meurtrières et couronnée de solides machicoulis. Isolé dans la cour s'élève un gros donjon qui, après avoir servi à la défense du Rieux, fut transformé en chapelle, et n'est plus aujourd'hui qu'un grenier à fourrage. L'ensemble de ces constructions remonte au xvi⁰ siècle.

SAINT-BONNET-LA-RIVIÈRE. — Canton de Juillac (Corrèze), il faut le dire pour ne pas le laisser confondre avec autre Saint-Bonnet, dit aussi la Rivière, qui est de la Haute-Vienne, mais n'a pas la belle et originale église dont nous allons parler. M. Poulbrière la signalait comme suit dans son rapport à la société française d'archéologie qui tenait son congrès annuel à Brive en 1890.

« Nous possédons en Bas-Limousin une de ces églises en rotonde avec collatéral qui sont une rareté partout : c'est l'église de Saint-Bonnet-la-Rivière, localité très anciennement connue comme fief de la maison de Pérusse des Cars. D'après la tradition, cette église serait l'epiation d'un crime et aurait été imposée par le pape sur le plan ou la forme du Saint-Sépulcre de Jérusalem (1). L'abbé Texier l'a crue du xi⁰ siècle et M. de Laurière en a fait, dans le *Bulletin monumental* (1869 p. 754) une petite étude qui la rattache à l'époque romane. D'autres n'y trouvent rien de roman, et l'histoire, l'examen commandent peut-être de ne pas éconduire trop légèrement cette contradiction.

» Quoi qu'il en soit, voici l'église. Elle est sur un plan complètement circulaire, à deux étages de fenêtres en carré long, avec des murs nus trop peu solides pour qu'on

---

(1) La seule ressemblance qui puisse être indiquée entre l'église de St-Bonnet-la-Rivière et le Saint-Sépulcre, c'est que l'une et l'autre sont en *rotonde*, ressemblance qui n'existe que dans le *mot* et non dans les choses : On sait que sainte Hélène fit élever sur le calvaire » un vaste ensemble de constructions, comprenant une basilique, un nartex, un vestibule et un hémicycle, garni d'un portique. Le tombeau ainsi que le lieu du crucifiement, étaient compris dans l'enceinte de la basilique, qui affectait la forme d'une rotonde. Cet ensemble d'édifices constitue le Saint-Sépulcre (*Note de Victor-Forot.*).

ait jamais songé à leur faire porter soit coupole, soit
voûte : le plafond plat règne partout. Dix piliers cylindriques séparent le centre de l'édifice du déambulatoire ou
bas-côté tournant : ils sont sans base et n'ont pour chapiteau qu'un tailloir à peine mouluré. Les deux plus rapprochés de l'autel sont un peu plus espacés : ils s'unissent
dans le déambulatoire à deux autres plus maigres, d'une
cinquantaine d'années, qui les aident à ménager le sanctuaire. En face, et à l'ouest naturellement, se trouve la
porte, cintrée comme à l'époque romane et offrant des
angles arrondis en gros demi-boudins. Elle est simplement
adaptée à l'église ; le pinacle à deux baies qui la surmonte
ne se rattache au corps de l'édifice que par la charpente.
Il y avait autrefois, sur le flanc nord de la rotonde, une
tour ronde aussi de maigre épaisseur, que j'ai vue et qui
était du même style que le reste. On l'a démolie de notre

ÉGLISE DE SAINT-BONNET-LA-RIVIÈRE
(Dessin de M. J.-B. Lavialle, instituteur).

temps pour bâtir une sacristie dont elle faisait l'office. Le
cordon torique qui enserre à mi hauteur tout le bas de

l'église la ceignait aussi et témoignait de la simultanéité de sa construction. »

Qu'elle soit une œuvre du xie ou du xii^o siècle, de style roman ou non, qu'elle ressemble au Saint-Sépulcre ou à une vulgaire rotonde, notre église de St-Bonnet-la-Rivière est très intéressante et a un caractère spécial, unique en Corrèze. Il faut donc la classer pour éviter qu'un beau jour, sous un prétexte quelconque, on ait l'idée de l'*éventrer*, comme on a fait de la jolie petite tour qu'a remplacée une laide sacristie. Voir ci-contre un dessin de cette église que nous empruntons au crayon de M. J.-B. Lavialle.

RUINES du CHATEAU DE St-BONNET-la-RIVIÈRE

Saint-Bonnet-la-Rivière possède aussi les ruines inté-

ressantes du vieux château des Pérusse d'Escars. C'était
naguère, selon M. Poulbrière, « un parallélogramme can-
tonné au nord de deux grosses tours rondes, et flanqué au
midi d'une tour carrée qui servait de cage d'escalier. C'é-
tait, avec deux tourelles en moins, mais de la hauteur en
plus, le château de Chabrignac, son très proche voisin. »
Il ne reste plus que les tristes pans du mur que représente
le dessin ci-contre.

SAINT-CERNIN-DE-LARCHE. — Nous avons visité
cette église en compagnie de M. le docteur Laffon, maire
de la commune, qui nous a bien documenté, et à qui nous
empruntons les détails qui vont suivre. Ils sont puisés
dans ses *Annales de Saint-Cernin-de-Larche* (1).

«Cette église est de construction romane dans son ensemble (xii° siècle), orientée de l'est à l'ouest, avec deux
entrées au midi. — Sa longueur intérieure mesure 21 mètres 50 et sa largeur 5 mètres 42 réduite à 3 mètres 30
dans le sanctuaire, mais portée à 13 mètres 70 au niveau
des deux chapelles latérales formant les bras de la croix.
Celles-ci ont été édifiées à une date bien postérieure à
celle de l'église et n'ont pas la même valeur archéologique.
La plus ancienne des deux, celle du midi a 4 mètres 50 de
largeur sur 4 mètres 25 de profondeur tandis que l'autre,
celle du nord, mesure 6 mètres 60 sur 3 mètres 55 de profondeur. Elle date de 1732.

»Ce petit édifice avec sa coupole sans dôme, ses arcatures géminées sous arcades, ses pures fenêtres, ses colonnettes, ses tores, ses corniches saillantes, n'est pas dé-
pourvu, tant s'en faut, de physionomie.

»Le clocher carré, entouré de barres de fer, avec une
toiture à quatre pans, ne renferme actuellement qu'une
cloche, mais avant la Révolution il y avait certainement
deux cloches et la coupole du clocher porte encore deux
ouvertures disposées très apparemment pour le passage

(1) Docteur Raoul Laffon — *An. de Saint-Cernin-de-Larche en
Bas-Limousin* — Limoges, Ducourtieux 1909.

des deux cordes nécessaires. — L'église a été restaurée en 1898 et sa couverture en pierres plates du Causse a été remplacée par une toiture en ardoise.»

Nous ajouterons que M. le maire a fait prendre une délibération à son conseil municipal pour demander le classement de cette église parmi les monuments historiques. — Nous souhaitons que la commission compétente lui donne la satisfaction que nous-même avons demandée depuis longtemps.

Dans cette même commune, voici le vieux *manoir de Pommiers* dont le gros œuvre remonte au xive siècle, et qui fut habité par les seigneurs de ce nom, ou par les Du Fraysse, jusqu'en 1809, époque où le château fut abandonné et tomba dans le délabrement le plus complet. Le propriétaire actuel, M. Devillegoureix le fit restaurer en 1894 et en fit l'habitation confortable d'aujourd'hui.

SAINT-CHAMANT. — Les clochers à hourds sont peu communs en France, aussi devrait-on s'occuper de ceux qui restent et celui de Saint-Chamant est du nombre. Un après l'autre les hourds se disloquent et menacent la sécurité des passants, les municipalités ne se soucient guère de dépenser quelque argent pour conserver de semblables ouvrages. S'ils étaient classés parmi les monuments historiques, l'Etat en aurait l'entretien et nous les conserverions. — Naguère encore un bourg voisin de Saint-Chamant (Saint-Sylvain) possédait aussi un clocher à hourds, mais quelques pièces de bois menaçant ruine, on a fait disparaître complètement le hourd, et la toiture porte aujourd'hui immédiatement sur les murailles du clocher· Ce qu'il adviendra un jour du clocher de Saint-Chamant, si on ne prend pas les mesures de conservation nécessaires. C'est pourquoi nous demandons avec insistance le classement de l'église, tout au moins du clocher.

Cette église date, dans sa plus grande partie, du xiie ou xiiie siècle, le reste est du xive ou xve siècle. Elle est en forme de croix latine, avec une seule nef et un transept très saillant. Le chevet est plat. Chœur et croisillons sont voutés en ogive. La nef et le carré du transept sont plafonnés. Les croisillons datent des xive et xve siècles. Le portail est la partie la plus intéressante, il date de la seconde moitié du xiie siècle probablement. On y voit un tympan, sculpté d'une façon un peu barbare, sous une archivolte bien disloquée. La partie supérieure représente le Christ assis, bénissant et tenant un livre de la main gauche.

A sa droite un ange s'agenouillant, les ailes déployées ; à gauche un personnage (un ange peut-être) assis et paraissant redouter la parole de Dieu, car son geste est tel : assis le corps ployé, la face tournée à l'arrière, et de ses deux mains il semble vouloir repousser le livre que tient Jésus. Nous ne chercherons pas la signification. De chaque côté, au même niveau que les pieds des anges, deux bustes qui émergent.

Au-dessous de ce premier registre, et sans aucune transition, on en voit un second représentant treize personnages : les apôtres, peut-être. Ils sont tous debout et paraissent divisés en trois groupes. Le premier groupe (à gauche du visiteur) se compose de quatre personnages s'avançant vers un cinquième qui les accueille les mains tendues. Derrière lui trois autres regardant du côté opposé, par où arrivent cinq personnes en des attitudes différentes. — Nous ne tenterons pas l'explication de cette scène d'ensemble. — Un grand vide de sculpture règne dans le bas du tympan. Il manque ici assurément une autre scène et aussi un linteau. Cela provient des remaniements qu'a dû subir le portail, car on remarque sans peine, sous le crépissage, les traces d'une arcature à plein cintre qui était celle de la porte primitive. La porte actuelle étant en arc très surbaissé.

M. René Fage a publié un article sur le clocher de St-Chamant, nous lui emprunterons quelques lignes : (1)

---

(1) *Clochers à hourds du Bas-Limousin* in bulletin monumental. t. LXXI, 1907.

« Le clocher actuel est constitué par deux murs qui s'avancent parallèlement de chaque côté du portail et forment, avec l'ancien mur de façade, un trapèze régulier. Ces murs ont environ onze mètres de hauteur ; l'ancien mur de façade a été arrasé ou surélevé au même niveau. Une large tribune en bois, avec une balustrade formée, comme le hourd par des madriers grossièrement travaillés, est établie, à huit mètres de hauteur, entre ces murs parallèles, et s'appuie en arrière sur l'ancien mur de façade, un peu au-dessus de l'archivolte.

» Le hourd repose sur les trois murs et les déborde en encorbellement de soixante-quinze centimètres. Il est fait de poutres et de solives d'un fort équarrissage : cette charpente est revêtue, jusqu'aux deux tiers de sa hauteur, de madriers verticaux juxtaposés. Une toiture à quatre eaux, assez aiguë, brisée dans le bas pour mieux abriter le hourd, recouvre le tout.

» Une porte donne accès du comble de l'église dans la tribune du clocher. Les deux murs latéraux et le mur du fond sont percés chacun d'une baie rectangulaire, placée immédiatement sous les solives du hourd. »

Il est bien certain que tout autre moyen de défense, une tour fermée par exemple, eut été préférable, mais plus coûteux, et d'ailleurs cela était peut-être suffisant contre les armes en usage au commencement du xve siècle, époque où le hourd de St-Chamant fut construit.

A proximité du bourg, sur un monticule qui borde la route nationale, s'élève l'antique tour des Saint-Chamant. Donjon du xive siècle qui a conservé son rez-de-chaussée et un étage. Ce rez-de-chaussée est veuf de la voûte en coupole qui le couvrait, mais on y voit des meurtrières, longues et étroites, en cintre, percées dans des murs d'une épaisseur tellement énorme qu'on a pu y pratiquer un escalier ne faisant aucune saillie intérieure, ni extérieure. Cet escalier en granit conduit au premier étage, où se trouve une belle et vaste salle de forme octogonale, voûtée, avec des nervures toriques et d'élégants formerets s'unissant sur une clef de voûte portant l'écu de Saint-Chamant entouré de huit autres sans armoiries. — Ces restes de l'architecture du xive siècle méritent d'être conservés.

Un peu plus loin, sur la rive opposée de la Souvigne, se dessine le joli *castel de Soulages* avec sa tour octogonale à machicoulis et à fenêtres moulurées. La porte d'entrée de cette tour est surmontée d'une accolade et de pinacles, avec les armoiries d'une ancienne famille du pays. Cette tour remonte au xve siècle, mais les autres parties du château ont été reconstruites à diverses époques.

SAINT-EXUPÉRY. — Au sud de cette commune, à moins de deux kilomètres du bourg de Veyrières, s'élève le *château de la Ganne* qui, au xviie siècle, fut le théâtre d'une affaire à retentissement. Je l'ai racontée dans le *Courrier du Centre*. Je ne la rééditerai pas ici.

SAINT-GENIEZ-O-MERLE possède les ruines féodales les plus importantes du département de la Corrèze. A 17 kilomètres d'Argentat, au milieu d'une nature sauvage par les roches déchiquetées qui percent la verdure d'un cirque d'une centaine de mètres de profondeur se trouvent les ruines féodales les plus intéressantes du département de la Corrèze. C'est un ensemble de tours rondes et carrées, de vastes bâtiments crénelés, de pans de murailles percées de meurtrières, etc., etc. escaladant un rocher abrupt et à pic d'un côté.

Tout cela groupé sur un piton des plus pittoresques de 200 mètres de longueur sur 40 m. de largeur, qu'entoure presque entièrement la rivière de Maronne. C'est une véritable petite ville des siècles passés, avec ses rues, ses monuments, son église, ses corps de gardes, ses terrasses, ses échauguettes, etc. En voici un plan que nous devons à l'amabilité de M. E. Bombal, auteur d'une bonne notice sur Merle.

UNE VUE DES RUINES DE MERLE

A la base du promontoire de .Merle, sur l'isthme étroit
qui le rattache à la terre, se voient encore quelques restes
d'un ancien village : une vingtaine de familles qui s'étaient

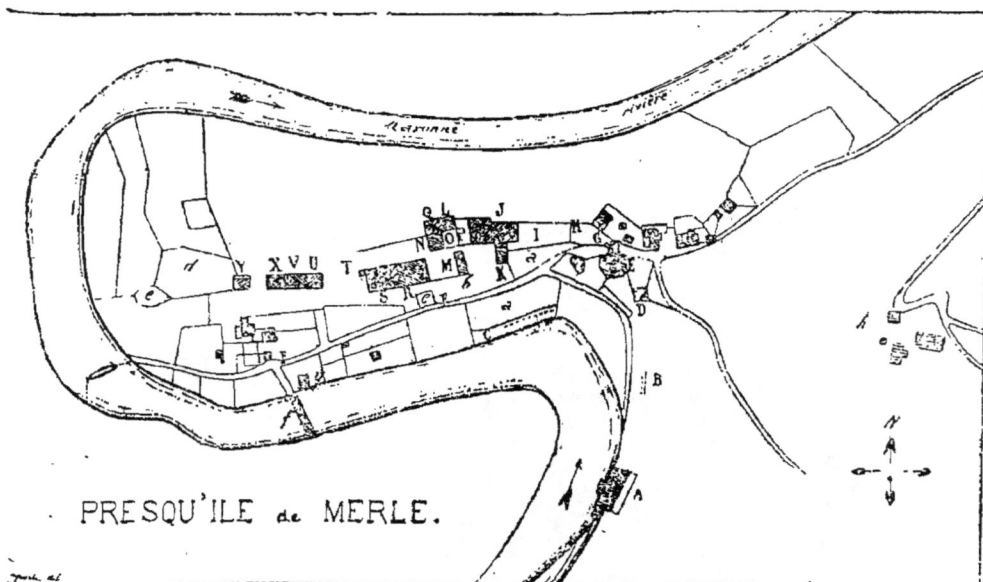

PRESQU'ILE de MERLE.

PLAN DES RUINES DE MERLE

groupées sous la protection des six ou sept seigneurs
possédant la forteresse.

La guerre de Cent-Ans commença la ruine de Merle,
qui pourtant résista avec succès aux Anglais de 1357 à
1378. Deux siècles plus tard, les guerres de religion y
firent de grands ravages : Tour à tour aux mains des catholiques et des protestants, les vieilles murailles s'effon-
drèrent en partie sous les coups de canons en 1576. Cela
n'empêcha pas Anne de Noailles et son frère l'évêque de
s'y défendre, en 1640, contre une révolte de paysans.

On va courir les bords du Rhin allemand pour voir des
restes de la féodalité qui ne valent pas les ruines de Merle.

VUE DE MERLE

(Cliché communiqué par la Soc. arch. de la Corrèze).

SAINT-HIPPOLYTE. Plus connu sous le nom de la station du chemin de fer de Tulle à Clermont-Ferrand : *Montaignac-Saint-Hippolyte*, possède le château de Montaignac, dont le nom remonte haut dans l'histoire du Bas-Limousin, mais qui a été rebàti au cours des dernières années du xix⁰ siècle, sur un plan bien étudié du xv⁰ siècle. C'est un ravissant castel où l'on a réuni tout ce qu'on a pu trouver de l'ancien château.

SAINTE-MARIE-LAPANOUSE a son *château d'Anglars*, dont parle M. Masson de Saint-Félix dans ses *Zig-Zag à travers le canton de Neuvic* : « Situé sur le bord de la Dordogne, sur un rocher à pic qui forme promontoire et domine le cours de la rivière de plus de 250 mètres, ce château de dimension médiocre semble remonter à une date fort ancienne. La forme en est singulière. Un bâtiment à un étage, dont le pignon surplombe le cours de la Dordogne, occupe la plus grande partie du rocher. — Une grande tour carrée à peu près démolie terminait ce bâtiment et devait lui servir de défense, en fermant l'accès du rocher sur lequel est assis le château : rocher qui est inaccessible de tous les côtés. — La tour carrée, qui devait servir de donjon, est seule de construction ancienne ; la petite tour ronde qui est accolée à cette dernière, et qui sert de cage d'escalier paraît être de la fin du xv⁰ siècle [cette tour est ronde à l'intérieur et carrée à l'extérieur]. Sa porte en ogive est surmontée d'un écu fleurdelysé.

» Rien de plus pittoresque que ce site d'Anglars : à ses pieds la Dordogne roule ses eaux verdâtres, et des profondeurs des gorges boisées qui l'enserrent, s'élève un grondement sourd semblable au bruit d'une mer, qui imprime dans l'âme je ne sais quel sentiment de crainte et de mélancolie. En face, les côtes escarpées du Cantal, plus loin, à gauche, vers Bort, les ruines du *château de Madic*. C'était bien là la demeure forte choisie par le seigneur en ces temps de troubles et de guerres intestines qui occupèrent presque toute la période du moyen-âge. »

TULLE. — Nous avons vu que la cathédrale de Tulle

comptait parmi les monuments historiques classés, mais n'y a-t-il que cela à Tulle digne de figurer sur cette liste ? Nous sommes persuadé du contraire. Attenant à la cathédrale, se trouve l'ancien cloître. Est-il classé? Nous n'en sommes pas bien certain. En tout cas la liste officielle du classement qui nous a été remise n'en fait pas mention.

CLOITRE DE TULLE

(Cliché extrait de l'*Histoire de la Corrèze*. — Eyboulet, éditeur (1).

Nous ne nous aventurerons pas à décrire cette petite merveille tulloise, des maîtres l'ont fait avant nous et les lecteurs pourront consulter les notes de M. de Guilhermy prises en 1832 et publiées depuis lors ; les appréciations de M. l'abbé Poulbrière en 1878 ; *Le Vieux Tulle* de M. René Fage (1887) etc., etc.

(1) *Le Bas-Limousin, Histoire de la Corrèze* par **MM**. Bourgoin, inspecteur d'académie; V. Forot, correspondant du ministère de l'instruction publique, et Piffault, directeur de l'Ecole normale d'Instituteurs. — Eyboulet, éditeur à Ussel.

Nous sommes grandement surpris qu'après avoir dépensé des sommes relativement considérables pour la
restauration de ce monument, l'administration des Beaux-
Arts n'en ait pas demandé et obtenu le classement parmi
les monuments historiques.

Tout près du cloître, de l'autre côté de la cathédrale,
voici encore une bien belle maison, celle dite *des Loyac* ou
de l'Abbé. M. Prosper Mérimée la décrivait dans ses
Notes d'un Voyage en Auvergne. Après avoir dit que cette
construction remontait aux premières années du xvi° siècle et que sa décoration portait le cachet de l'époque de
Louis XII « si chérie des amateurs, » il ajoutait : « Des
porcs épics, sculptés au-dessus des chambranles, donnent
même à cette date un nouveau degré de certitude, et sont
moins contestables que les moulures qui se pénètrent
perpendiculairement, les fenêtres surbaissées du rez-de-
chaussée, les feuillages frisés et toutes les fantaisies qui
couvrent la façade. L'édifice a quatre étages percés chacun
de deux fenêtres (1) ; — celles du rez-de-chaussée étant
très larges, la plus grande partie de la façade se trouve
porter à faux ; mais l'épaisseur et la solidité des murs ont
prévenu les accidents que devait entrainer ce vice de construction. Deux tourelles flanquaient l'édifice, mais elles
ont été rasées au niveau du toit, aussi bien que la galerie
qui les réunissait selon toute apparence. Quant aux
dispositions intérieures, elles n'offrent plus le moindre
intérêt. Il faut en excepter une chambre du dernier étage,
où j'ai aperçu des fresques plus qu'à demi effacées par la
poussière et l'humidité, et auxquelles les propriétaires de
la maison n'avaient jamais fait attention. Sur la paroi la
mieux conservée on voit un saint Christophe portant
l'Enfant Jésus ; sur les autres on distingue avec peine
comme une procession de guerriers à cheval conduits
chacun par un page. Toutes les figures sont au moins de

(1) Ce détail de fenêtres n'est pas exact, malgré une note de Mérimée
qui le rectifie, mais le lecteur se rendra compte de l'état de la maison
en voyant le dessin ci-joint.

grandeur naturelle. Au-dessus de l'une d'elles j'ai lu le nom de Roland, ce qui m'a fait supposer que peut-être le

MAISON RENAISSANCE A TULLE

Cliché extrait de l'*Histoire de la Corrèze)*.

peintre avait voulu représenter les pairs de Charlemagne.
Je doute fort que, même avec tous les soins possibles, on
parvînt à raviver les couleurs ; mais il serait intéressant
de l'essayer. »

Cette description, qui contient quelques erreurs, est au-
dessous de la valeur des sculptures de la maison des Loyac,
mais M. Auguste Delierre a mis les choses au point en
publiant une bien intéressante notice dans le bulletin de
Brive (1). En voici quelques passages :

« La porte d'entrée se présente à nos yeux bien conservée et d'une grande élégance de proportions ; elle est
partagée par un linteau qui forme, dans la partie supérieure, une ouverture grillée, destinée à éclairer le
vestibule. Les montants de la porte sont fins et nerveux ;
les profils larges et bien accentués laissant apparaître des
moulures qui se pénètrent perpendiculairement au-dessous des chambranles. Auprès d'eux sont étagés des
fleurons étoffés de feuilles de vigne ; on les retrouve
encore dans les choux qui couronnent le sommet, et qui
accompagnent les deux flèches élancées des jambages.

» Au-dessus de la porte sont les deux fenêtres éclairant
l'escalier ; la première a son chambranle décoré par un
griffon et un lion, la seconde est ornée de deux syrènes
aux formes capricieuses, tenant, l'une un peigne, l'autre
un miroir ; elles s'appliquent auprès de choux fleuronnés,
qui s'épanouissent plus largement que ceux que nous
avons signalés au-dessus de la porte, en donnant naissance
à une flèche qui termine parfaitement l'ensemble de cette
partie, toute empreinte d'originalité et de grâce.

» Des dix fenêtres dont parle Mérimée, huit sont parfaitement intactes ; les deux dernières, en partie engagées
dans le toit, se trouvent d'une donnée beaucoup plus
simple.

» Des animaux sont placés sur les chambranles des deux
fenêtres du premier étage ; il y a beaucoup de vérité dans

(1) *Maison du XVIe siècle.* — Bulletin de la Soc. scient. hist. et
archéologique de la Corrèze, t. II, 1879-1880.

leur type et dans leur allure. Sur l'une, le cerf dix cors est
en regard du grand lévrier qui a conservé le collier qui
permet au valet de chien de faire la harde. Sur l'autre,
se trouve un porc-épic, un lièvre et un sanglier entourés
de plusieurs chiens.

» Les dispositions des moulures ont le même caractère
que celles déjà décrites, et leurs saillies profondes pro-
duisent des jeux de lumière et des ombres du plus piquant
effet. Seuls les jambages sont terminés par des têtes qui
grimacent un sourire ou exhalent une plainte.

» Au deuxième étage nous distinguons, sur une des
fenêtres, deux lions ailés qui nous font penser au lion de
Saint-Marc à Venise, et sur une autre fenêtre un animal
fantastique faisant pendant à une de ces figurines d'homme
dont la posture grotesque, fort à la mode dans ces temps
encore naïfs, prêtait à rire aux bourgeois et faisait la joie
des clercs et des écoliers.

» La même grâce et la même richesse règnent dans les
moulures des croisées de l'étage supérieur ; les fleurons et
les choux se disposent et s'écrasent avec la même symétrie, sur des montants formés de colonnettes aux chapiteaux crênelés et échancrés.

« Signalons deux rustiques figurines qui se trouvent
engagées dans deux de ces montants ; on y voit un homme
debout, nu, velu, très viril, tenant une cornemuse dans
la main, et qui semble appeler une jeune femme placée en
face et costumée dans le goût de l'époque, elle a coiffe et
affiquet et paraît soulever avec complaisance son petit
jupon.

» Du reste toutes ces figurines sont bien empreintes de
l'esprit du temps. L'on ne craignait pas alors le mot cru,
l'expression un peu salée, et les plaisanteries largement
gauloises de nos aïeux étaient toujours assaisonnées de
gros sel.

» Au rez-de-chaussée, les deux ouvertures surbaissées
que l'on retrouve un peu partout à Tulle, ont été recouvertes par des arrangements modernes...

» On doit accorder aux sculptures si bien fouillées de la maison Sage un véritable cachet d'élégance, une mesure dans les proportions, une certaine recherche dans le goût, qui caractérisent la Renaissance française à son aurore ; et, si l'on tient compte de la matière employée (qui est du grès des environs), on appréciera mieux le travail de ces tailleurs d'images, de ces artistes, pour la plupart inconnus, qui ont, à l'aide de leurs ciseaux, écrit sur la pierre l'histoire de notre architecture, et montré les transformations si capricieuses du goût dans notre pays. »

Rien à ajouter à cela, si ce n'est le regret de ne pas savoir cette maison classée parmi les monuments historiques de France. Le propriétaire actuel, qui est un savant, ne refuserait pas l'autorisation du classement de *la façade*, nous voulons le croire.

Il y a bien encore d'autres choses méritant d'être conservées dans notre vieux Tulle, Mérimée l'a écrit : « On voit à Tulle quantités de maisons anciennes du xv⁰ siècle, avec leurs portes, leurs fenêtres en ogive, et leurs longues corniches soutenues par des modillons fantastiques. Dans d'autres maisons construites à l'époque de la Renaissance, l'on trouve des détails très gracieux ; mais malheureusement je n'en connais pas une qui ne soit fort altérée par des aménagements modernes. »

Bien que « altérées » quelques-unes de ces maisons sont vraiment belles et méritent d'être conservées. Citons : la *maison Corne*, rue du Trech, qui a été artistement restaurée, il y a quelques années, nous montre une belle façade Renaissance et surtout un escalier à vis vraiment remarquable par l'élégance et la multiplicité des voûtes qui le décorent. — Une porte intérieure, au rez-de-chaussée, taillée dans le grès, est d'une facture rare avec ses piliers à colonnes plates historiées ; ses deux têtes d'angles en haut relief, ses chapiteaux et sa clef de voûte armoriée, sans oublier la jolie statuette du *Manekenpis* qui est au second étage sur la cour.

Et plus loin, en suivant cette même rue du Trech, tout

près de la préfecture, dans la rue du Fouret, cette rue qui faisait dire à Mascaron « que la descente paraît si grande qu'on croit se précipiter dans les abîmes quand on y

RESTE DE L'ANCIEN COUVENT
DES BERNARDINES

arrive. » Là, presque au bas de cette descente aux abîmes, se trouvent les restes de l'ancien *couvent des Bernardines*. Bien curieuse maison avec ses quatre étages dont trois de style renaissance, avec une rangée de fenêtres finement moulurées, qui s'étagent au-dessus d'une porte dont hélas !

les chambranles ont été remplacés par de la pierre de taille unie.

Il reste à cette façade, non seulement ses belles fenétres, mais encore un joli modèle de construction en bois du xvii° siècle surmontant, sur corbeaux à quadruple retrait, l'édifice en pierre dont nous parlons. Très originale cette construction en bois qui ressemble à une série de machicoulis surmontée d'un « bolevard » à vaste toiture.

Le classement de cet ensemble serait difficile, en raison du nombre de propriétaires de cet immeuble (on me dit qu'ils sont six), mais pourtant il faudrait conserver ces beaux restes.

Une autre maison bien intéressante est celle du bas du *quartier d'Alverge*, qui est encore presque dans son état primitif, avec ses larges fenêtres à colonnettes, ses deux boutiques à cintres surbaissés et son portail rectangulaire qui s'ouvre sur une rampe nous rappelant une de celles qu'on voit dans les cachots du Mont-Saint-Michel.

Le Séminaire (aujourd'hui caserne d'infanterie) n'est pas un monument d'architecture, dans le sens absolu du mot, il n'en est pas moins à citer en raison de son importance et de sa situation.

Dominant la ville de Tulle vers l'Est, il occupe l'emplacement de l'ancien château du Guérinet, et fut construit de 1851 à 1871. C'est une vaste bâtisse sans histoire ni ornementation dont ci-après un dessin.

TURENNE, dont nous avons parlé à propos de la *Tour de César*, qui est classée parmi les monuments historiques, possède aussi d'autres constructions de valeur ; nous citerons le grand donjon carré à contreforts très minces. Cette masse imposante dont nous avons déjà donné un dessin renferme de vastes salles voûtées dont les nervures retombent sur des chapiteaux qui ont tout le caractère du commencement du xiii° siècle. — La plateforme existe encore par places de même que le parapet qui est en bien mauvais état. On distingue aisément la place de la banquette qui manque. Au pied de ce donjon se voit la seule porte d'entrée que possédait autrefois la forteresse.

USSAC. — Terre des chevaliers du nom et de tant d'autres, possède, au milieu de sa plaine fleurie, le vieux *manoir du Griffolet* avec ses tours d'angles, l'une ronde, l'autre carrée, type de la gentilhommière du Bas-Pays.

SÉMINAIRE DE TULLE

USSEL. — M. le chanoine Poulbrière dit que l'église d'Ussel est classée comme monument historique (1), nous ne la trouvons pas sur la liste officielle. Elle n'est donc pas classée et cependant elle le mérite, mais ce qui, probablement, a fait commettre l'erreur de M. Poulbrière c'est que le gouvernement a dépensé de grosses sommes pour la restauration de cette église qui a été faite par Viollet-le-Duc.

(1) Poulbrière. *Dict. des Paroisses*, t. III, p. 516.

L'église d'Ussel date du xiᵉ siècle, mais il reste bien peu de choses de cette époque. Remaniée au xvᵘ et au xviᵉ siècles, elle le fût encore au siècle dernier, par Viollet-le-Duc, comme nous venons de le dire. — Ce n'est même pas le plus beau de ses travaux, soit dit en passant. — M. Poulbrière l'a signalée avant nous en décrivant l'église comme suit :

« Elle présente à l'intérieur un plan très simple de croix latine de six travées, terminée à chaque bout par un mur droit ; deux travées pour le pied ou montant, une pour le chevet, une pour chaque bras et une d'intertransept. Point de piliers mais des colonnes engagées par les doubleaux, accompagnées d'autres plus légères pour des arceaux toriques croisés, qu'agrémentent de gracieuses clefs de voûte en roses, sauf au centre de la croix où une ouverture en couronne laissait place aux cordes d'un clocher-lanterne qui ne fut jamais fait ou fut peut-être victime d'un incendie signalé pour l'église en 1472. La feuille plate à crochet terminal domine dans les chapiteaux ; des spathes s'aperçoivent sur les bases...

« Les croisillons, que décorent extérieurement vers l'est des corbeaux de corniche à faces généralement humaines, ont au sud un autel... »

Après avoir signalé divers travaux neufs, M. Poulbrière ajoute: « Avec la grande porte d'entrée, d'ouest, nous revenons au xiiiᵉ siècle. Elle s'encadre de voussures toriques sur colonnettes de même diamètre et s'ouvre au fond d'un porche jadis de la même époque, mais que l'on a refait. C'est sur ce porche que fut bâtie, en 1862, pour remplacer le clocher carré à flèche hexagonale qu'avait démolie la foudre sous la Restauration, la tour quadrangulaire à baies quasi romane géminées et flèche en pierre trapue, qui fait aujourd'hui cet office. »

Ussel possède aussi plusieurs vieilles constructions intéressantes, entre autres, le château ducal des Ventadour, dont voici une vue.

MAISON DUCALE DES VENTADOUR A USSEL

(Extrait de l'*Histoire de la Corrèze.* — Eyboulet, éditeur).

UZERCHE. — Nous avons parlé de son église classée, mais il y a dans cette ville bien d'autres monuments intéressants, le proverbe le dit : « Qui a maison à Uzerche a château en Limousin. » — Sans parler plus spécialement de l'un ou de l'autre de ces châteaux, nous ne devons pas oublier de signaler trois vasques peu connues qui, au moyen-âge, constituaient une fontaine monumentale de la ville. Deux sont enfouies dans le sol, sur la petite place près de l'église, la troisième (la plus grande) est abandonnée à la sortie de la ville, sur la route allant vers

Tulle. Ce sont des souvenirs du passé à recueillir et à
protéger. Les édiles d'Uzerche devraient y penser.

VARETZ possède *Castel-Novel* qui, suivant certains
auteurs, remonterait au ix° siècle, mais dont les constructions actuelles sont d'une date bien plus récente. Il fut
reconstruit au xv° siècle, modifié bien plus tard et enfin
richement agrandi et restauré à notre époque. « Il a la
forme d'un parallélogramme, garni, sur deux des côtés
opposés, d'un avant corps aux murs couronnés de machicoulis que surmontent deux tours rondes. A l'un des
angles se dresse une autre tour également ronde et très
élevée, percée de fenêtres qui en éclairent les quatre
étages avec la collerette gracieuse d'un balcon tournant
qui en sert merveilleusement le coup d'œil. »

VIGEOIS n'a pas seulement la vieille église dont nous
avons parlé, la famille de la Pisse y a fait revivre le
vieux *château du Repaire*. Ii fut aux Meynières, seigneurs
d'Artois en Bretagne, qui, en 1638, firent « parachever la
tour qùy n'estoit qu'à demy bastie. » — Il ne reste rien
de cette masure noble, mais à sa place resplendit au
soleil le château moderne qui a fort bonne façon.

VOUTEZAC possède dans son périmètre *le Saillant*,
qu'il ne faut pas confondre avec le Saillant-Vieux de la
commune d'Allassac. — Le Saillant (tout court) est un
village posé sur la rive droite de la Vézère, si belle en cet
endroit, avec ses méandres d'îlots boisés, où le célèbre
Mirabeau rêva si souvent, et médita, dit-on, des coups
que ne désavoueraient pas nos apaches modernes.
Sur cette rivière de Vézère est jeté un antique pont
ogival à six arches munies d'éperons triangulaires dont
voici une vue, et qu'on traverse pour arriver au château
de Mirabeau. — C'est une résidence féodale limousine des
mieux caractérisées : lourde masse carrée ceinte d'une
couronne de corbeaux à moucharabys (absents depuis la

PONT DU SAILLANT
(Cliché communiqué par la Soc. arch. de la Corrèze).

restauration, et la disparition de ses tours.) — Les restes des fossés existent encore, baignés par la Vézère. Mais si les défenses et le pont-levis ont disparu, il reste encore une bâtisse imposante et un site enchanteur.

YSSANDON. — *Petite ville, grand renom*, d'après le dicton populaire, ne doit pas être oubliée à cause des restes de la construction féodale qui couronne le puy de ce nom.

*

* *

Ici s'arrête la liste des monuments que nous jugeons dignes d'être conservés. Beaucoup mériteraient d'être classés parmi les monuments historiques, ou bien parmi les sites et monuments naturels qui doivent être mis sous la protection de la loi du 21 avril 1906. Cela ne veut pas dire qu'il n'y en ait pas d'autres en Corrèze, nous savons le contraire, mais qui trop embrasse mal étreint, dit la sagesse des nations ; or nous serions bien heureux de serrer dans nos mains le petit paquet de papier qui portera aux amis de l'art la bonne nouvelle du classement d'une partie des monuments que nous venons d'indiquer.

Nous nous proposons de compléter la liste des châteaux, des monuments naturels et des sites pittoresques dans un ouvrage que nous avons à l'étude pour faire suite à la carte touristique du département de la Corrèze que nous avons dressée et qui vient d'être éditée et tirée à dix mille exemplaires par les soins du Syndicat d'initiative de Tulle et de la section corrézienne de la Société de géographie commerciale de Paris.

*

* *

Cette énumération ne serait pas complète si nous omettions de signaler encore un certain nombre de monuments moins importants que ceux qui précèdent, mais non sans valeur. Bien que ne méritant pas le classement, ils ont un intérêt historique certain et doivent être cités comme faisant partie de l'histoire de notre petite patrie, le Bas-Limousin. Nous les indiquerons brièvement.

Affieux. — Eglise des xii⁰ et xiv⁰ siècles. Ruines du château de Balesme.

Aix. — Eglise de la fin de l'époque romane et du xiv⁰ siècle. Ruines du château des Beaufort.

Albignac. — Restes d'une église romane. Joli chapiteau et bas-relief roman.

Albussac. — Eglise romane à arcs en mîtres.

Allassac. — L'ancien château avec son donjon démentelé et sa tour d'encognure.

Alleyrat. — Eglise romane et gothique.

Ambrugeat. — Château avec restes de fortifications du xv⁰ siècle.

Ayen. — Les ruines de l'antique château du Bas-Ayen et l'ancien château.

Beaulieu. — La mairie actuelle (ancien château) et la maison aux sculptures du moyen-âge. — Le château moderne de Sugarde, et ceux de la Dancie et de la Majorie-Basse. — Les ruines du château d'Estresse.

Beynat. — Le château de Cors, où naquit mgr Borie, martyrisé au Tonkin.

Brive. — Quelques vieilles maisons des xv⁰ et xvi⁰ siècles. — Le joli château d'Enval avec son donjon et sa tour poivrière ; l'ensemble remontant à l'époque de la Renaissance. Le château de la Bastille, qui fut aux Maledent, et celui de Bassaler, remis à neuf.

Brivezac. — Portail de l'église, du xi⁰ siècle.

Chabrignac. — Eglise du xv⁰ siècle.

Chamberet. — Château de La Farge.

Chameyrat. — Eglise romane. Jolis chapiteaux. Château de Poissac.

Chauffour. — Château du Mazaud.

Chirac. — Clocher à pinacle et curieux chapiteaux romans.

Chartrier. — Le château rehaussé de tours, dont l'une conserve les corbeaux de ses machicoulis.

Chasteaux. — Les importantes ruines de Couzage, qui remontent au xiv° siècle, et dont on voit encore les tours rondes et carrées. — Le château de Rosiers et celui du Sorpt, qui fut aux d'Anglars.

Collonges. — Château Beaurival — Porte de la ville, qui remontent au xiv° siècle.

Corrèze. — Porte de la ville avec restes de machicoulis.

Dampniat. — Eglise du xiii° siècle à machicoulis et corbeaux du xv° siècle. Vieille maison du xiii° siècle.

Darnetz. — Châteaux de Lieuteret et de Fontmartin.

Egletons. — Porte de l'ancien château des Ventadour.

Eyburie. — Ruines de l'ancien château des comtes de la Marche et château moderne du Verdier.

Favars. — Le donjon du xiii° siècle.

Gumond. — La maison natale de l'abbé de Féletz.

Hautefage. — Le château de la Veyrie, du siècle dernier.

Jugeals. — Maisons à tourelles de Nazareth.

Juillac. — Château des Piquets et une maison à tourelles, du xv° siècle.

Lagarde. — Eglise du xiii° siècle avec un enfeu postérieur.

Lagraulière. — Château moderne de Bellefont.

Laguenne. — Château moderne du Chambon.

Lamazière-Basse. — Château moderne de Rousilhe qui fait souvenir de Mlle de Fontange.

Lanteuil. — Eglise romane remaniée, avec moucharaby.

Larche. — Habitation du xvi° siècle.

Laroche-Canillac. — Ruines féodales du Suclar.

Latronche. — Eglise des xii° et xvi° siècles avec corbeaux romans.

Liginiac. — Ruines imposantes du château de Peyroux.

Ligneyrac. — Château de la Rhue. Gentilhommière du xvi° siècle au Peuch.

Le Lonzac. — Châteaux de la Valette et de Bordas.

Lubersac. — Château moderne de Prédevaulx. Maison de ville renaissance. Château de la Frangne, du xvii° siècle.

Malemort. — Eglise romane. Châteaux du Peyroux, du Jayle et de Puymaret. — Pont du xvii⁰ siècle.

Margeride. — Eglise du xii⁰ siècle. Ruines d'un château du xii⁰ siècle.

Maussac. — Eglise des xi⁰ et xii⁰ siècles.

Merlines. — Ruines du château de La Garde.

Mestes. — Ruines du château de Mont-Rous qui pourraient bien être le berceau du premier pape limousin, Clément VI.

Meymac. — Vieilles maisons.

Meyssac. — Ruines du château de Pierretaillade — châteaux du Breuil et de Beauregard.

Montaignac. — Château moderne.

Montgibaud. — Château de l'Hortolarie.

Naves. — Château moderne de Bach.

Nazareth. — Vieilles maisons des xv⁰ et xvi⁰ siècles.

Neuvic. — Eglise romane. Châteaux de Pennacorn, du Chambon et de Mialaret (ce dernier moderne).

Neuville. — Tour féodale.

Noaillac. — Maison du xv⁰ siècle. — Résidences de L'Olm, de Lacoste. — Ruines du manoir des Chabrignac.

Ñonards. — Eglise du xii⁰ siècle, clocher du xv⁰. — Maison du xvii⁰ siècle à La Garnie.

Objat. — Ancien château de La Brudie.

Orgnac. — Eglise ogivale à chapiteaux romans.

Orliac-de-Bar. — Restes d'une maison de l'époque de François Iᵉʳ.

Perpezac-le-Blanc. — Eglise des xii⁰ et xv⁰ siècles. — Maisons du xv⁰ siècle. — Ruines des châteaux du Cluzeau des Olmières.

Rosiers-de-Juillac. — Château de Monfrabeuf, près du village de L'Age.

Salon-la-Tour. — Eglise remarquable par son architecture intérieure et qui mériterait le classement. — Château du Fraysse xv⁰ siècle. — Château du Pin. — Château de la Grènerie.

Sarran. — Château de Bity. — Ruines de Lantourne.

Sarroux. — Château de Pierrefitte.

Segonzac. — Château de Puy-la-Vaysse.

Ségur. — Anciennes maisons des xve et xvie siècles.

Sérandon. — Ruines du pont de Charlane. — Ruines des Ages et de Bouysse.

Servières. — Chapelle de Glénic. — Séminaire (ancien château des Turenne).

Sexcles. — Eglise et tour romanes. — Maison seigneuriale.

Sornac. — Eglise de l'époque de transition du roman à l'ogival. — Chapelle du xie siècle, nombreuses pierres tumulaires des xive et xve siècles. — Ruines presque inaccessibles du château de Rochefort.

Soudeilles. — Eglise romane avec jolis chapiteaux.

Soursac. — Château Durfort.

Saint-Augustin. — Château de Leymarie.

Saint-Bonnet-près-Bort. — Château du Bech du xvie siècle.

Saint-Eloi. — Tour de l'Eglise du xvie siècle.

Saint-Etienne-la-Geneste. — Château de Laveix.

Saint-Fréjoux-le-Majeur. — Château du Basaneix, du xvie siècle.

Saint-Germain-la-Volps. — Château.

Saint-Hilaire-Taurieux. — Château du xve siècle.

Saint-Hippolyte. — Gentilhommière de Mortegoutte.

Saint-Julien-aux-Bois. — Château du Bois.

Saint-Julien-Maumont. — Château du xviie siècle.

Saint-Julien-près-Bort. — Château de Jeux et de Vaux, xviie siècle.

Saint-Mathurin-Léobazel. — Eglise du xiie siècle. Restes d'un vieux château avec belles cheminées moyenageuses. — Maison seigneuriale de Fossat.

Saint-Merd-les-Oussines. — Ruines des châteaux des Cars et des Oussines.

Saint-Pardoux-la-Croisille. — Château de Pebeyre, du xve siècle.

Saint-Pardoux-le-Vieux. — Ruines du château de Confolens.

Saint-Privat. — Tour de Malesse où naquit le cardinal Guy de Malesse.

Saint-Rémy. — Eglise romano-gothique. — Château de Madiolet.

Saint-Salvadour. — Château de la Jante, style Louis XIII.

Saint-Victour. — Château du xvᵉ siècle.

Saint-Ybard. — Château de la Vernouille. — Ruines de Garebœuf.

Saint-Yrieix-le-Déjalat. — Ruines du château de Montamar.

Tarnac. — Eglise et Bas-reliefs du xiiᵉ siècle. — Château du xivᵉ siècle. — Ruines de Murat.

Treignac. — Vieilles maisons. — Vieux pont. — Porte de ville.

Tudeils. — Château du xvᵉ siècle.

Turenne. — Vieilles maisons. — Porte de ville.

Ussac, qui, selon un dicton populaire, est le jardin de la Corrèze, possède une vieille église, jadis fortifiée, méritant une étude. — Elle fut tout d'abord d'architecture romane et a conservé de ce style une bonne partie de ses murs, mais la période flamboyante de l'ogive, du xivᵉ siècle, s'y montre également. — Un exemple caractéristique en est donné par la porte latérale qui, sous une ornementation gothique, reproduit le plein cintre roman.

Le clocher appartient aussi à deux époques. — Ce fut d'abord un campanile fortifié, ainsi que le démontre la partie gauche de la large tour actuelle. On y remarque trois rangées de meurtrières dans la partie inférieure, et l'on sait que l'étage supérieur fut remanié, après avoir été ravagé par un coup de foudre. — Contre l'ancien campanile, on appliqua une seconde tour, cela forme l'ensemble du clocher actuel.

Bien que ne méritant pas les honneurs du classement, l'église d'Ussac est à conserver. Le dessin que nous en donnons est extrait des *Echos de la tradition de la paroisse d'Ussac*, par M. l'abbé A. Marche.

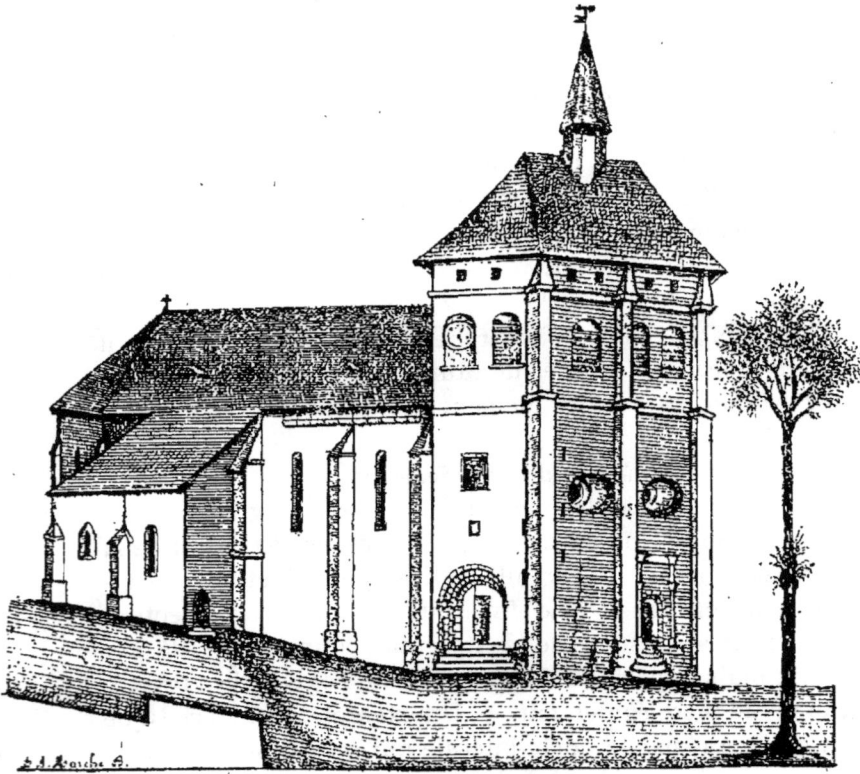

EGLISE D'USSAC

Ussel. — Vieilles maisons. — Château du Bazaneix. — Château de la Diège (moderne). — Château du Theil.

Varetz. — Eglise romane. — Statues des XVe et XVIe siècles.

Vars. — Château du XVe siècle.

Viam. — Manoir de Monceaux.

Vigeois. — Château de la Nauche.

Voutezac. — Château de la Muscade (moderne).

LES OBJETS D'ART
DE NOS ÉGLISES

Une loi de l'année 1887 fit opérer le classement des objets mobiliers de caractère artistique ou historique se trouvant dans les édifices religieux. Ce classement fut, à notre avis, fait bien légèrement dans le département de la Corrèze. Les membres de la Commission chargés de cette opération ne manquaient certes ni de goût ni de connaissances, mais, comme toujours, les commissions sont faites... pour ne rien faire : — Un ou deux des nombreux membres travaillent au début et puis... c'est tout.

Ne demandez pas pourquoi on ne fait rien. — Ce qu'on a voulu, c'était de voir figurer son nom sur une liste officielle. Ensuite on a bien autres choses à faire qu'à s'occuper du mandat qu'on a, le plus souvent, sollicité.

On fit pourtant un embryon de classement en 1887.

En juin 1905, une circulaire ministérielle prescrivit aux préfets de tous nos départements d'instituer une nouvelle Commission ayant pour objet de « signaler à l'Administration les objets contenus dans les édifices religieux et qui, en dehors de ceux figurant déjà sur la liste de classement établie en exécution de la loi du 30 mars 1887, paraîtraient présenter un intérêt véritable au point de vue de l'histoire ou de l'art. »

Cette Commission fut instituée à Tulle le 19 juillet 1905 et tint sa première séance le 27 du même mois. Nous avions l'honneur d'y assister. Il fut décidé que, dans une séance ultérieure, chacun des neuf membres composant la Commission apporterait leurs propositions d'objets à classer.

Dans la séance du 26 août 1905, la liste suivante fut dressée : Nous classons les noms des communes par ordre alphabétique afin de faciliter les recherches.

Albussac. — Une cloche portant une inscription avec la date de 1675.

Altillac. — Dans l'église : 1° Lambris du chœur en bois sculpté portant la date de 1676. 2° Fonts baptismaux en marbre noir du xii° siècle.

Argentat. — Une cloche avec inscription et date de 1538. — Dans la chapelle de Lachapelle-aux-Plats, une croix processionnelle en cuivre estampé et gravé du xv° siècle, avec Christ en cuivre ciselé du xii° siècle.

Dans l'église paroissiale : une croix processionnelle en cuivre gravé de la fin du xiii° siècle.

Astaillac. — Une cloche avec inscription et date : 1571.

Aubasine. — Dans l'église : 1° Deux panneaux en bois sculpté du xvii siècle représentant saint Etienne Harreng, abbé de Citeaux, donnant la charte de charité à ses religieux ; le second représente saint Etienne donnant l'habit à saint Bernard.

2° Une croix reliquaire à double traverse, en argent doré, du xii° siècle. Cette croix est formée de feuilles d'argent doré clouées sur du bois recouvert d'une étoffe rouge.

3° Une petite châsse en cuivre doré et émaillé avec figurines en relief, du xiii° siècle. — 0 m. 18 de hauteur.

4° Un pied de croix en cuivre doré et émaillé du xiii° siècle. — Hauteur 0.31 — diamètre 0.185 — longueur 0.22 — largeur 0.08.

CROIX DE LORRAINE D'AUBASINE

5° Une armoire décorée d'arcatures, à pentures de fer forgé. Bois et ferrements du xii° siècle.

6° Un tombeau en pierre sculptée du xiii° siècle, dont voici un dessin. — Tombeau de saint Etienne d'Aubasine, mort en 1159.

7° Une série de stalles en bois sculpté du **xvii**ᵉ siècle.

TOMBEAU DE SAINT ETIENNE

8° Des vitraux incolores du xiiᵈ siècle, dont ci-après cinq dessins différents très caractéristiques et intéressants au point de vue du dessin.

Auriac. — Une crosse de suspension eucharistique en bois doré du xviiᵉ siècle.

Ayen. — 1° Une cloche avec inscription et date : 1604.

2° Sept petits monuments funéraires provenant de l'ancienne église. — Ils sont en pierre et datent du xivᵉ siècle. (Enfeux à l'extérieur de l'église paroissiale).

Bassignac-le-Bas. — Deux statues en bois de saint Côme et de saint Damien de la fin du xviᵉ siècle ou commencement du xviiᵉ. — Un tableau sur toile, de la fin du xviiᵉ siècle, représentant ces mêmes saints dans le costume des facultés de médecine du temps de Louis XIV : Barette

VITRAUX INCOLORES

(Clichés communiqués par la *Soc. arch. de la Corrèze*).

rouge et houppelande de même bordée d'hermine, avec la collerette frisée et les bocaux professionnels. — Cette peinture provient, dit-on, de l'ancien château de Chauvac. On lit au bas : *Posuit Joannes Martinie 1692.*

Au presbytère, on trouve une statue de pierre, très ancienne, représentant sainte Fauste. — Enfin une plaque en cuivre rouge (23 centimètres sur 29) témoigne que M. Danroque, curé est constructeur et donateur de cette maison et qu'il l'a remise à l'évêque de Tulle, Jules Mascaron, en février 1676.

Beaulieu. — Dans l'église : 1° Un petit reliquaire de forme circulaire ; travail byzantin en argent du XIᵉ siècle.

2° Une statue représentant la Vierge et l'Enfant, en argent repoussé, sur âme de bois, du XIIᵉ siècle. — Hauteur 0.61. — La couronne est ornée de vingt cabochons et de quatre intailles antiques. (Il y avait dix intailles antiques à l'origine, et j'ai constaté, il y a peu de temps, que la couronne de l'Enfant Jésus n'en a plus que trois).

3° Une châsse en cuivre doré et émaillé représentant l'adoration des Mages. — XIIIᵉ siècle. — Haut. 0.15 — long. 0.165 — larg. 0.065 millimètres.

4° Un bras-reliquaire dit de sainte Félicité, en argent avec parties dorées. Repoussé sur âme de bois, du XIVᵉ siècle. — Hauteur 0.49.

5° Autre bras-reliquaire dit de saint Emilien, en argent, aussi parties dorées et repoussées sur âme de bois du XIVᵉ siècle. — Hauteur 0 m. 56.

6° Une crosse eucharistique en bois sculpté du XVIIᵉ siècle. — Haut. 3 m. — Hampe 1 m. 68 — Croisillons 1 m. 33 et 0 m. 77 de largeur.

Beaumont. — Une monstrance cylindrique sur pied de cuivre, dorée et émaillée, du XVᵉ siècle. Haut. 0 52. — Cette monstrance est ornée d'armoiries.

Benayes. — Vitraux en verre blanc, losangés, contenant deux écussons en verre de couleur et peints, armoiries de Jean de la Beaune, grand prieur d'Auvergne et de sa mère

Marguerite de Beaufort-Canilhac. — Date approximative
1640.

Beynat. — 1° Une croix processionnelle en cuivre gravé
du commencement du xv° siècle.

2° Deux tableaux bas-relief sur bois représentant saint
Augustin et sainte Ursule. — Travail du xvii° siècle.

Billac. — 1° Un fer à hosties du xv° siècle.

2° Une statue en pierre de l'époque gothique : la Vierge
assise et l'Enfant Jésus.

Brive. — Dans l'église paroissiale de Saint-Martin :

1° Un reliquaire-philactère en forme d'amande, cuivre
doré et gravé du xiii° siècle.

2° Un reliquaire en forme de tourelle octogonale, en
argent doré, du xiv° siècle. Hauteur 0.26.

3° Un chef-reliquaire, cuivre estampé, ciselé et doré du
xiv° siècle.

4° Un lutrin en fer forgé du xiii° siècle.

5° Une cuve baptismale en pierre, du xiii° siècle.

Brivezac. — Une cloche avec inscription et date : 1523.

Bugeat. — Une cuve baptismale en pierre, de la fin du
xii° siècle.

Chabrignac. — 1° Une pierre gravée du xv° siècle
portant une inscription commémorative de la construction
de l'église : 1456.

2° Un tableau sur toile ; la Vierge et l'Enfant signé
Stella (1594-1657) école française du xvii° siècle.

Chamberet: — 1° Une grande châsse en cuivre doré et
émaillé, en forme de maison à tourelles crénelées et en
relief sur la crête. — A remarquer que les symboles des
évangélistes qui décorent cette châsse sont en relief et
émaillés en plein, sans que les couleurs, qui n'ont pas été
polies après la cuisson, soient séparées par des cloisons.
Chose presque unique dans les émaux du genre de celui-
ci. Sur une face de cette châsse se voient des statuettes
en demi-bosse, sur l'autre se trouve une plaque de 0.210
sur 0.155, servant de porte, qui représente la mise au
tombeau de saint Dulcide.

L'ensemble de la châsse, du xiiiᵉ siècle, mesure 0.520 de haut sans la crête, et 0.645 de long.

2ᵒ Une petite châsse en cuivre doré et émaillé, à figurines, du xiiiᵉ siècle. — Haut. 0.185, long. 0.125.

3ᵒ Un bras reliquaire en cuivre ciselé et doré du xivᵉ siècle.

Champagnac-la-Prune. — Deux cloches avec inscriptions portant les dates de 1565 et 1582.

Chauffour. — Une cloche avec inscription datée de 1592.

Concèze. — Une cloche avec inscription : 1475.

Couffy. — Dans l'église, une dalle funéraire des seigneurs de Châteauvert. Pierre sculptée et gravée du xivᵉ siècle.

Curemonte. — Une cloche avec inscription datée de 1543.

Dampniat — Un Christ en croix à jupon, en cuivre estampé et émaillé, appliqué sur une croix moderne. — Le Christ est du xiiiᵉ siècle.

Darazac. — Un ostensoir en cuivre doré du xvᵉ siècle. — Hauteur 0.28.

Darnetz. — 1ᵒ Croix reliquaire à double traverse, en argent doré et filigranes du xiiiᵉ siècle avec cabochons. — Hauteur 0.28.

2ᵒ Dans l'église, une serrure en fer avec inscription, de la fin du xivᵉ siècle.

Davignac. — Dans l'église : 1ᵒ une monstrance en forme de maison, en cuivre autrefois doré, du xvᵉ siècle.

2ᵒ Un rétable en bois sculpté décoré au centre d'un crucifiement, toile peinte et bois sculpté du commencement du xviiᵉ siècle.

Donzenac. — 1ᵒ Une pyxide à couvercle pyramidal, en cuivre repoussé et émaillé du xivᵉ siècle.

2ᵒ Un reliquaire hexagonal pédiculé, en cuivre repoussé et émaillé du xivᵉ siècle.

Egletons. — Un reliquaire-philactère à cylindre horizontal, porté par deux figures ; le pied émaillé. —l'ensemble du xivᵉ siècle. Haut. 0. 335ᵐᵐ — diamètre de la base 0.122.

Espagnac. — Une petite châsse en cuivre émaillé, sur âme de bois, du xiiiᵉ siècle.

Estivaux. Une cloche avec inscription datée de 1474.

Eyrein. — Un rétable en bois sculpté du xviie siècle. (1)

Gimel. — 1° Une châsse dite de saint Etienne, en cuivre doré et émaillé, à fond vermiculé, du xiiie (Nous la croyons la plus belle de toutes les châsses connues de cette époque). Elle mesure 0 m. 215 de hauteur ; 0 m. 285 de longueur et 0 m. 113 de largeur. Les divers sujets représentent le martyre de saint Etienne.

2° Une monstrance en cuivre doré du xiiie siècle. — Haut. 0 m. 215 ; largeur 0 m. 115.

3° Un buste reliquaire dit de saint Dulmine, en argent repoussé et en partie doré, avec écussons d'argent émaillé, du xve siècle.

Grandsaigne. — Une châsse en cuivre doré et émaillé du xiiie siècle. — Haut. 0. 19 ; — larg. 0 m. 235.

Gros-Chastang. — Une monstrance en cuivre jaune du xve siècle.

Le Jardin. — Une statuette reliquaire de saint Côme ou de saint Damien, en cuivre doré du xve siècle ; — Hauteur. 0 m. 23.

Lachapelle-Saint-Géraud. — 1° Un reliquaire en forme de tour polygonale, en cuivre doré, du xiiie siècle.

2° Un reliquaire en forme de maison, cuivre émaillé sur âme de bois, du xive siècle.

Lachapelle-Spinasse. — 1° Une cloche avec inscription datée de 1536.

2° Une cuve baptismale à pans coupés, en pierre, du xiiie siècle.

Lafage. — Une châsse émaillée et à cabochons du xiiie siècle. Hauteur 0 m. 175 ; — long. 0 m. 250.

Laguenne. — Une colombe eucharistique, en cuivre doré et émaillé, du xive siècle. (Elle a été volée depuis que cet inventaire a été fait).

(1) Pour avoir une nomenclature complète et la description des Rétables des xviie et xviiie siècles qui existent dans les églises corréziennes on devra consulter l'ouvrage de Victor Forot : *Les sculpteurs du Bas-Limousin et leurs œuvres.*

Lamazière-Basse. — Une chaire à prêcher et une table de communion en bois sculpté du xvII° siècle.

Lamongerie. — Une cloche avec inscription de l'époque gothique, sans date.

Lanteuil. — Une clocle avec inscription datée de 1503.

Larche. — Une cloche avec inscription datée de 1535.

Lascaux. — Une cloche avec inscription datée de 1594.

Laval. — Une châsse en cuivre doré et émaillé, ornée de cabochons, avec figures en relief : l'*Adoration des Mages.* Les personnages sont en relief, émaillés de bleu lapis, de bleu turquoise et de blanc. La châsse a 0 m. 22 de longueur.

Le Lonzac. — Deux cloches avec inscriptions et dates de 1558 et 1635.

Liginiac. — Deux vantaux de la porte de l'église avec pentures, verrou et heurtoir en fer forgé du xIII° siècle.

Liourdres. - Une cloche avec inscription et date de 1520.

Masseret. — Une châsse en cuivre doré et émaillé : Légende de sainte Valérie ; – du xIII° siècle.

Maussac. — 1ᵘ Une monstrance-reliquaire pédiculée, en cuivre, du xv° siècle.

2° Une Vierge à l'Enfant, statue en pierre, du xv° siècle.

3° Une cloche avec inscription et date de 1542.

Marcillac-la-Croisille. — Deux cloches avec inscriptions et dates de 1572 et 1749.

Meilhards. — Dans l'église : 1° un tombeau de Ph. de Meilhards, mort en 1653, et de Julie de Salagnac, son épouse, morte en 1691. — Pierre avec inscription du xvIII° siècle.

2° Une petite châsse pédiculée, en argent, du xvIII° siècle.

Mestes. — Un calice armorié du xvIII° siècle.

Meymac. — Dans l'église : Une Vierge à l'Enfant, statuette en bois du xII° siècle.

Meyssac. — Une cloche avec inscription et date de 1585.

Naves. — Un rétable et un appui de communion en bois sculpté du xvII° siècle.

RÉTABLE DE NAVES
(Cliché extrait des publications sur Naves (1).

(1) Publications sur Naves, par Victor Forot. *Monographie de la*

(L'appui de communion n'existe plus depuis bien longtemps. — Je crois qu'il a disparu pendant la Révolution).

Nespouls. — Une cloche avec inscription et date de 1534.

Neuville. — Une petite châsse émaillée. — Un cuir
gaufré appliqué à l'autel. — Ni l'un ni l'autre de ces objets
ne figurent à l'inventaire officiel de cette église. — Deux
beaux tableaux anciens sur bois représentant, l'un le Christ
en croix, l'autre des anges.

Noaillac. — Une cuve baptismale en pierre, du xii⁰ siècle.

Noailles. — 1° Une cloche avec inscription et daté de 1533.

2° Une châsse en cuivre doré et émaillé représentant le
martyre de sainte Catherine. — Haut. 0.134 ; long. 0 m. 135.

3° Un Christ entouré d'anges, du xiii⁰ siècle.

4° Une petite châsse en cuivre doré et émaillé.

Orliac-de-Bar. — 1° Une cloche avec inscription et date
de 1555.

2° Une châsse en cuivre doré et émaillé, à médaillons,
du xiii⁰ siècle.

3° Une monstrance-reliquaire à cylindre horizontal en
cuivre gravé et doré du xv⁰ siècle. Hauteur 0 m. 27.

Palisse. — Un groupe en bois : *Pieta* de 1775 par d'Au-
busson l'aîné.

Perpezac-le-Blanc. — Une cloche avec inscription et
date : 1550.

Perpezac-le-Noir. — Une cloche avec inscription et date
de 1594.

Peyrelevade. — Une cloche avec inscription et daté :
1519.

Port-Dieu. — Dans l'église annexe de St-Martin, une
cloche avec inscription et date de 1595.

Dans l'église paroissiale, une *Pieta* en pierre du xvi⁰
siècle.

Puy-d'Arnac. — Une peinture sur toile, représentant

commune, deux volumes parus 1905 et 1911 ; le troisième paraîtra
fin 1913.
Le maître-autel et son Rétable (1902).
Une vicairie civile en Bas-Limousin (1903).
Etude sur les ruines gallo-romaines de Tintignac (1905).

le martyre de saint Etienne, signée Brossard, datée de 1642 ou 1644 (école flamande xviie siècle) le peintre est originaire de Tulle.

Rilhac-Xaintrie. — Deux cloches avec inscriptions et datées de 1504 et 1723.

Sadroc. — Une chaire à prêcher et un appui de communion en bois sculpté de la fin du xviie siècle.

Sarran. — Une cloche avec inscription et date de 1493.

Sérandon. — Vantaux de porte avec pentures de fer forgé du xiie siècle (à l'Eglise).

Soudeilles. — Dans l'église : 1° Une navette à encens, cuivre doré et émaillé du xiiie siècle. — Haut. 0.055 – long. 0.170. (Vendue par la municipalité, depuis cet inventaire).

2° Un chef-reliquaire dit de saint Martin, tête en argent doré, émaux translucides, du xive siècle. Buste fondu et doré du xve siècle. (Ce buste, devenu célèbre par la vente qu'en fit la municipalité de Soudeilles, a été reconnu comme une œuvre fausse. Le vrai serait, dit-on, celui que Pierpont Morgan a restitué au musée du Louvre, à Paris. — Il avait été prédédemment vendu par X... de la paroisse de Soudeilles).

3° Une croix processionnelle en cuivre gravé, ornée de rinceaux du xive siècle. — Hauteur 0 m. 68.

Saint-Bonnet-Avalouze. — Un petit reliquaire mérovingien en cuivre estampé et doré, sur âme de bois, du viie ou viiie siècle. Il est orné de cabochons. — Les gens du pays le nomment en patois *Lou disclé.* — Hauteur 0.13. — long. 0.13. — larg. 0.065.

Saint-Bonnet-l'Enfantier. — Une cloche avec inscription et date de 1477.

Saint-Bonnet-le-Pauvre. — Une cloche avec inscription et date de 1603.

Saint-Bonnet-la-Rivière. — Une cloche avec inscription et date de 1535.

Saint-Cirgues. — Une cloche avec inscription du xve siècle.

Saint-Eloi. — Une cloche avec inscription et date de 1532.

Sainte-Fortunade. — 1.º Un chef reliquaire dit de sainte Fortunade, en cuivre étamé du xve siècle. Hauteur 0 m. 22 socle non compris.

CHEF DE SAINTE FORTUNADE
(Dessin de M. Michel Soulié).

2° Une monstrance en argent doré et ciselé de la fin du xvıᵉ siècle.

3° Un reliquaire pédiculé, en forme de pyramide, cuivre autrefois doré, du xvᵉ siècle.

Saint-Fréjoux. — Un bras reliquaire en cuivre gravé et doré du xıııᵉ siècle. — Hauteur 0.50.

Saint-Germain-les-Vergnes. — Deux cloches avec inscriptions et dates de 1507 et 1597.

Saint-Hilaire-Foissac. — 1° Une custode en cuivre champlevé et émaillé du xıııᵉ siècle.

2° Une châsse en cuivre doré et émaillé, figurines en relief du xıııᵉ siècle.

Saint-Hilaire-Luc. — 1° Une statue de la Viérge et l'Enfant en bois peint, du xvᵉ siècle.

2° Un fer à hosties du xvᵉ siècle.

Saint-Merd-de-Lapleau. — Une châsse en cuivre doré et émaillé, figurines en relief et cabochons, du xıııᵉ siècle.

Saint-Mexant. — Une cloche avec inscription et date de 1541.

Saint-Pantaléon-de-Lapleau. — Une châsse en cuivre doré et émaillé, figurines en relief, cabochons, du xıııᵉ siècle.

Saint-Pardoux-Corbier. — Une châsse en cuivre doré et émaillé, rehaussée de cabochons, du xıııᵉ siècle.

Saint-Pardoux-l'Ortigier. — Dans l'église, un buste pierre et bois représentant l'abbé saint Pardoux, (de Guéret) du xıvᵉ siècle.

Saint-Pardoux-le-Vieux. — Un reliquaire dit de sainte Catherine d'Alexandrie, en plomb ajouré, du xvııᵉ siècle.

Saint-Viance. — 1° Grande châsse dite de saint Viance, en cuivre doré et émaillé du xıııᵉ siècle. — Haut. 0 m. 59 — largeur 0 m. 245 — longueur 0 m. 82. (Volée depuis cet inventaire ; retrouvée en partie ; mais non encore restituée à l'église de St-Viance).

Cette châsse représentait la Flagellation, la Crucifixion, les Saintes Femmes au tombeau, le Transport du corps de saint Viance et sa mise au tombeau.

2° Une boîte aux saintes huiles, en cuivre doré et

émaillé, du xiiiᵉ siècle. — Haut. 0 m. 144 — larg. 0.090 — long. 0.120.

Tulle. — Dans la cathédrale : 1° une statuette de saint Clair en cuivre fondu, ciselé et doré, du xvᵉ siècle. — Haut. 0 m. 28 socle non compris.

2° Une châsse à transept en cuivre doré et émaillé, figurines en argent repoussé, représentant le Christ de majesté, du xiiᵉ ou xiiiᵉ siècle.

3° Une châsse à transept en cuivre doré et émaillé, figurines en argent repoussé du xiiᵉ ou xiiiᵉ siècle, comme la précédente.

Dans l'église de Saint-Pierre (ancienne église des Carmes), une châsse en cuivre doré et émaillé du xiiiᵉ siècle. Elle représente la Crucifixion. — Haut. 0 m. 175 — long. 0 m. 205.

Turenne. — Quelques bâtons dorés de la confrérie des anciens pénitents, dont ci-après un dessin.

Uzerche. — Dans l'église paroissiale, deux inscriptions sur pierre des xiᵉ et xiiᵉ siècles, l'une au sujet de Boson, l'autre au sujet du prieur Gaubert.

Vigeois. — 1° Un bras-reliquaire en cuivre doré et gravé du xiiiᵉ siècle. — Haut. 0 m. 45.

2° Une châsse en cuivre doré et émaillé, du xiiiᵉ siècle.

3° Une pyxide pédiculée, en cuivre doré et gravé, du xivᵉ siècle. Haut. 0 126.

Voici le total des objets d'art ou historiques signalés par la commission corrézienne de classement qui tous ont été acceptés et classés par la commission ministérielle. Mais le temps écoulé entre les deux séances de notre commission corrézienne ne pouvait suffire pour obtenir un résultat sérieux. Nous en fîmes la remarque. — Aussi avons-nous voulu poursuivre personnellement cette œuvre de recherches, et nous sommes arrivé, croyons-nous, à un résultat appréciable.

En parcourant les 289 communes de notre département nous avons pris les informations à toutes les sources, et nous sommes aujourd'hui en possession d'une liste qui ne comprend pas moins de 272 objets d'art se trouvant dans nos églises, n'ayant pas été signalés à la commission de classement.

BATON DE LA CONFRÉRIE DES PÉNITENTS
DE TURENNE

(Cliché communiqué par la *Soc. arch. de la Corrèze*).

Bien que ce chiffre de deux cent soixante-douze soit considérable, nous sommes convaincu qu'il est encore au-dessous de la vérité, Nous n'avons pu tout voir.

Dans la liste qui va suivre, nous ferons précéder d'un astérisque les noms des communes qui auront déjà été signalées comme possédant des objets classés par les commissions de 1887 et de 1905.

OBJETS D'ART
QUE POSSÈDENT NOS ÉGLISES CORRÉZIENNES, MAIS QUI
NE FIGURENT ENCORE PAS SUR LES LISTES DE CLASSEMENT

Aix. — Un rétable en bois sculpté et doré du xvii° siècle.

Affieux. — Un rétable en bois sculpté et doré du xvii° siècle.

Allassac. — Un grand rétable en bois sculpté et doré du xvii° siècle.

Altillac. — Dans la chapelle de Fontmerle, un tableau sur toile signé *Rousseti* et daté de 1785.

Dans l'église même d'Altillac, Fonts baptismaux en bois sculpté du xvii° siècle surmontant la piscine en marbre noir déjà signalée.

Ambrugeat. — Une cloche avec inscription et date de 1784.

Angles (Les). — Une cloche avec inscription et date de 1774.

Arnac-Pompadour. — Une dalle en cuivre portant une effigie et une épitaphe gravée du xvi° siècle.

Aubasine. — Un groupe de Notre-Dame de Pitié en pierre d'une remarquable finesse de dessin et d'expression (xv° siècle), dont voici un dessin dû au talent de Mlle G. Marzarit.

N.-D. DE PITIÉ D'AUBASINE

Cliché extrait de l'*Histoire de la Corrèze* (Eyboulet, éditeur).

Ayen. — 1° Ferrures des vantaux de la porte de l'église. Fer forgé du xiie siècle.

Au presbytère, deux statuettes en bois peint du xve siècle.

Bassignac-le-Bas. — Deux cloches avec inscriptions, l'une avec date de 1671, l'autre plus ancienne peut-être, mais au moins du même siècle.

Bassignac-le-Haut — Dans le cimetière, une croix en pierre calcaire sculptée, du xvie siècle. C'est le plus beau monument de ce genre en Corrèze. La tige est ornée de douze tableaux, trois sur chaque face, représentant en bas-relief les scènes de l'enfance de Jésus, celles de sa vie publique, enfin celles de la passion. Sur la croix elle-même, le crucifix. Puis les douze apôtres, les quatre évangélistes, saint Pierre, saint Michel, Notre-Dame de Pitié, sainte Madeleine et saint-Jean, enfin le corps du Christ mort. — La sculpture est médiocre, mais la composition est belle et l'ensemble d'un bon effet. Les banderolles, les coiffures et les encadrements dénotent un travail du xvie siècle.

Beaulieu. — 1º Une cloche avec inscription et datée de 1724.

2º Un rétable dit de saint Prime, en bois sculpté et doré, du xviiᵉ siècle.

3º Un autre rétable dit de la Vierge, aussi en bois sculpté et doré, du xviiᵉ siècle.

4º Un cancel du chœur en bois sculpté du xviiᵉ siècle.

Beaumont. — Une pierre tombale sculptée représentant un chevalier avec une croix sur la poitrine. La pierre est au cimetière, la croix sur la place publique.

Benayes. — Dans l'église : Une croix processionnelle en cuivre, ornée de dessins et de figurines en buste du xviᵉ siècle.

Beynat. — Dans l'église : 1º Un tableau sur toile signé *C. H. Michel* 1873 (don de l'Etat).

2º Un autre tableau, donné par l'Empereur en 1861.

3º Trois cloches avec inscriptions datées de 1630, 1638 et 1756.

Billac. — 1º Un reliquaire monstrance du xvᵉ siècle.

2º Un rétable du commencement du xviiiᵉ siècle, en bois sculpté et doré.

Bonnefont. — Dans l'église : 1º Une *Pieta* du xvᵉ siècle.

2º Un bénitier flamand en cuivre rouge, avec inscription tournante.

3º Une cloche avec inscription et date de 1785.

Bort. — Dans l'église paroissiale : 1º stalles en bois du xvᵉ siècle.

2º Petite châsse en cuivre repoussé, ornée d'une plaque d'émail champlevé avec des perles de cristal de roche serties dans le cuivre.

3º Un crucifix en ivoire (moderne).

Brignac. — Un rétable en bois sculpté et doré du xviiᵉ siècle.

Bugeat. — Dans l'église (sacristie) : 1º Un petit vitrail ancien.

2º Une cloche avec inscription et date de 1755.

Camps. — Une cloche avec inscription datée de 1748.

*Chabrignac. — 1º Une cloche avec inscription et date : 1506.

2º Un rétable en bois doré du xvııe siècle.

3º Un tableau sur toile : l'Annonciation, signé *Cibille*, de Darnetz.

Chamboulive. — Un groupe en pierre du xvıe siècle : *Pieta.*

Chameyrat. — Quatre panneaux bas-relief, en bois, du xvıı* siècle.

Champagnac-la-Noaille. — Une cloche avec inscription et date : 1621.

*Champagnac-la-Prune. — 1º Deux statues en bois sur socles reliquaires représentant saint Come et l'autre saint Damien,

2º Bas-relief en bois représentant deux saints en costume de l'époque d'Henri II.

Chanac. — 1º Une cloche avec inscription et date : 1764.

2º Un petit vitrail du xve siècle.

Chanteix. — Une cloche avec inscription et date de 1608.

Chaumeil, — Une statue de N.-D. de Pitié, en pierre, du xvı* siècle.

Chenaillers-Mascheix. — Dans l'église de Mascheix :

1º Une cloche avec inscription et date de 1620.

2º Les boiseries des fonts baptismaux du xvıe siècle.

3º Un rétable en bois sculpté du xvııe siècle.

Clergoux. — Une croix processionnelle du xıve siècle.

Combressol. — Un groupe du xvı siècle : *Pieta.*

Corrèze. — Un rétable en bois peint du xvııe siècle.

Courteix. — 1º Une croix processionnelle en cuivre, avec Christ en jupon. Les pierreries qui rehaussaient cette croix ont disparu. xııe ou commencement du xııı* siècle.

2º Un bénitier en bronze avec fleurs de lys — xve siècle.

*Curemonte. — Dans l'église St-Geniez : 1º Une cloche avec inscription et date de 1788.

2º Un buste du Christ tenant une boule dans la main gauche (xııe siècle).

Curemonte. — Sur la place, près de l'église, se trouvent les restes d'une belle croix en pierre sculptée du xvi⁰ siècle. La partie supérieure manque, mais on voit sur les quatre côtés de la tige divers tableaux représentant l'*Annonciation*, l'*Adoration des Bergers*, l'*Adoration des Mages*, le *Baptême de Jésus*, l'*Entrée à Jérusalem*, la *Cène*, l'*Agonie au Jardin des Oliviers*, l'*Arrestation de Jésus*, la *Dérision des Soldats*, la *Flagellation*, le *Couronnement d'épines* et le *Portement de la Croix*. — Cette œuvre a beaucoup d'analogie avec la croix de Bassignac-le-Haut, dont nous avons déjà parlé. — Il se pourrait que ce fût une œuvre du même artiste.

*Dampniat. — 1⁰ Une cloche avec inscription et date de 1478.

2⁰ Un petit vitrail représentant sainte Marguerite sur le monstre, xv⁰ siècle.

*Darazac. — Une monstrance en argent du xvii⁰ siècle.

*Darnetz. — Tableaux sur toile attribués aux frères Cybille, de Darnetz — xvii⁰ siècle.

*Davignac. — Une cloche avec inscription et date : 1787.

*Donzenac. — 1⁰ Une cloche avec inscription et date : 1634.

2⁰ Une monstrance du xvi⁰ ou xvii⁰ siècle.

*Espagnac. — Deux cloches avec inscriptions et dates : 1638 et 1787.

*Espartignac. — Une cloche avec inscription et date de 1764.

*Eyburie. — 1⁰ Un tableau bas-relief sur bois de la fin du xvii⁰ siècle.

*Eygurande. Une cloche avec inscription et date : 1732.

*Eyrein. – Une cloche avec inscription et date : 1733.

*Favars. — 1⁰ Un bénitier en marbre rouge du xvi⁰ siècle. 2⁰ Deux cloches avec inscriptions et dates : 1619 et 1669.

*Gimel. — 1⁰ Un rétable en bois sculpté et doré du xvii⁰ siècle.

2⁰ Une chaire à prêcher, en bois sculpté et doré, du xvii⁰ siècle.

*Goulles. — Un rétable en bois peint et doré du xvii° siècle.

*Grandsaigne. — Une cloche avec inscription datée de 1719.

*Gros-Chastang. — Une cloche avec inscription et date : 1673.

Hautefage. — Un rétable en bois sculpté et doré du xvii° siècle.

Jugeals. — Un rétable du xvii° siècle.

Juillac. — Un rétable en marbre du xviii° siècle (ancien devant de cheminée).

Lachapelle-aux-Plats. — Une croix processionnelle du xiv° siècle. Haut. 0.45 — largeur 0.26. — Cuivre doré et orné de rinceaux. — Le Christ couronné est en relief.

*Lachapelle-Spinasse. — 1° Une custode émaillée, en forme de tour.

2° Un groupe en pierre calcaire représentant le mariage mystique de sainte Catherine (mutilé).

Ladignac. — 1° Un tabernacle sculpté du xvii° siècle.

2° Un autel (en partie) de la même époque.

Lagarde. — Deux cloches avec inscriptions et dates : 1532 et 1631.

Lagraulière. — 1° Un rétable en bois sculpté, peint et doré, du xvii° siècle.

2° Deux cloches avec inscriptions et dates : 1782 et 1784.

*Lamazière-Basse. — 1° Une cloche avec inscription datée de 1744.

2° Une armoire (dans la sacristie) du xvii° siècle.

Lamazière-Haute. — Une cloche avec inscription et date : 1647.

*Lamongerie. — 1° Un petit porte-Dieu en argent.

2° Anciens ornements sacerdotaux.

3° Statue en pierre de la Vierge, époque gothique.

4° Statue en pierre de même époque représentant saint Antoine.

*Lanteuil. — 1° Une cuve baptismale de l'époque romane.

2° Une Mater dolorosa avec inscription gothique.

3° Une croix processionnelle du xvii° siècle parfaitement conservée.

*Lascaux. — 1° Une cuve baptismale servant de bénitier.

2° Deux chapiteaux en pierre du xii° siècle, l'un représente une descente de croix, à peu près semblable à un des chapiteaux de l'église de Lubersac, l'autre représentant le Don des clefs à saint Pierre.

*Laval. — 1° Un ostensoir-reliquaire en cuivre doré, sur pied.

2° Une cloche avec inscription et date : 1684.

3° une cuve baptismale ancienne.

*Le Lonzac. — Un rétable en bois sculpté et doré du xvii° siècle.

Lestard. — Une statue de N.-D. de Pitié du xv° ou xvi° siècle.

*Liginiac. — Sur la place : 1° Une statue de N.-D. de Pitié.

2° Un groupe N.-D. des Douleurs, les deux du xvii° siècle (1663 d'après l'inscription).

Ligneyrac. — Dans l'oratoire-auvent qui est sur la place (ancien cimetière) le lambrissage est peint et représente les quatre évangélistes, xvii° siècle.

*Liourdres. — 1° Une seconde cloche avec inscription et date : 1781.

2° Un bras-reliquaire en bois doré avec inscription en écriture du moyen-âge.

3° Un plat dit des âmes avec inscription du xvii° siècle.

4° Un rétable en bois du xvii° siècle.

Louignac. — Une cloche avec inscription et date : 1783.

Lubersac. — Sur la place, près de l'église, une croix en pierre du xii° siècle.

Au château du Verdier, un joli chapiteau (provenant de l'ancienne église de Saint-Hilaire).

Marcillac-la-Croisille. — Deux cloches avec inscription et date : l'une de 1572, l'autre de 1749.

*Masseret. — 1° Un Père Eternel en ronde bosse, bois, du xvii° siècle.

2· Un tableau peint par *H. Ruaud* (1850), peintre local élève de Paul Delaroche.

*Meilhards. — 1º Un rétable en bois sculpté du xvii⁰ siècle.

2º Un tableau de *C. P. Carbillet* (élève de Gros), donné par l'Etat.

3º Un tombeau avec des écussons — (xviiᵉ siècle).

*Mercœur. — 1º Près de l'église, une ancienne cuve baptismale.

2º Dans l'église un tableau bas-relief, en bois, de la fin du xviᵉ ou commencement du xviiᵉ siècle.

3º La porte de la sacristie : sculpture sur bois du xviᵉ siècle.

*Mestes. — 1º Une cloche avec inscription et date : 1667.

2º Un rétable sculpté du xviiᵉ siècle.

*Meymac. — 1º Une cloche avec inscription et date : 1745.

2º Un chapiteau en pierre, sculpté, du xviiᵉ siècle, servant de bénitier.

3º Un buste-reliquaire dit de saint Léger, en bois doré, du xviiᵉ siècle.

*Monestier-Port-Dieu. — Un rétable en bois sculpté et doré, du xviiᵉ siècle.

*Naves. — 1º Un sarcophage en pierre du xviᵉ ou xviiiᵉ siècle (sur le chemin du cimetière).

2º Un bassin circulaire, en pierre sculptée, du xiiiᵉ ou xivᵉ siècle.

3º Une statue en calcaire de l'époque gallo-romaine (propriété de M. Arrighi de Casanova, à Tintignac).

*Neuvic. — Une cloche avec inscription et date : 1780.

*Neuville. — 1º Une boîte aux saintes huiles ayant la forme d'une châsse à toiture, en cuivre doré, champlevé et émaillé, du xiiiᵉ siècle. Haut. 0 m. 130 — long. 0 m. 105.

2º Une petite châsse émaillée.

3º Un tableau ancien.

*Noaillac. — Une cloche avec inscription et date : 1652.

*Noailles. — 1º Deux jolis émaux de Limoges, anciens, l'un représente le Christ en croix avec Jérusalem comme fond du tableau. L'autre représente un évêque. — Le premier recouvre la face de la porte du tabernacle; le second est placé au-dessus. Ces deux émaux ne figurent pas dans les inventaires de l'église.

6° Un tableau sur toile attribué à Lenoir représentant les apprêts pour la mise en croix.

Nonards. — Une cloche avec inscription datée de 1693.

Objat. — Un livre de chœur manuscrit (?).

Orgnac. — 1° Une petite croix en cuivre de fabrication limousine avec cabochons sur le devant.

2° Un rétable en bois sculpté du xvii° siècle.

*Orliac-de-Bar. — 1° Un tabernacle en bois sculpté du xvii° siècle.

2° Deux autres cloches avec inscriptions datées : 1742 et 1760.

Pandrignes. — Un reliquaire avec une inscription gothique.

Pérols. — 1° Un groupe en pierre calcaire représentant N.-D. des Douleurs.

2° La partie supérieure d'une croix en pierre sculptée de l'époque ogivale.

3° Deux statues en bois peint représentant saint Come et saint Damien.

*Perpezac-le-Blanc. — Un rétable en bois sculpté et doré du xvii° siècle.

*Peyrelevade. — 1° Un tabernacle et cinq statuettes en bois, du xvii° siècle. 2° Sur la place : Une croix en pierre sculptée du xvi° siècle. 3° Au cimetière : autre croix de même nature et de même époque.

Peyrissac. — 1° deux cloches avec inscriptions datées de 1628 et 1733.

2° Une statuette en bois du xv° siècle.

Pierrefite. — Un autel en pierre très ancien, xii° ou xiii° siècle.

*Port-Dieu. — 1° Un Père éternel en bois du xvii° siècle.

2° Cinq statuettes de saints de la même époque.

Queyssac. — 1° Deux statues de saint Come et de saint Damien.

2° Une cuve baptismale romane.

Reygades. — Une cloche avec inscription et date : 1653.

Rilhac-Treignac. — Une cloche avec inscription et datée de 1741.

Rosiers-d'Egletons. — 1° Deux cloches avec inscriptions dont l'une est datée de 1720.

2° Un rétable en bois sculpté et doré du xvii° siècle.

*Sadroc. — Une cloche avec inscription et date : 1743.

Salon-la-Tour. — 1° Une cloche avec inscription date : 1783.

2° Sur le sol de l'église, deux chapiteaux du xii° siècle, représentant l'Avarice.

Seilhac. — Une cloche avec inscription, datée de 1760.

Sioniac. — 1° Une cloche avec inscription datée de 1689.

2° Une clochette de sanctuaire portant la date de 1742.

*Soudeilles. — 1° Un groupe en pierre de N.-D. de Pitié.

2° Un fer à hostie de la fin du xiii° siècle.

3° Une cloche avec inscription et date de 1775.

Saint-Augustin. — 1° Un rétable en bois sculpté, daté de 1558.

2° Un tabernacle du xvii° siècle.

Sainte-Aulaire. — 1° Un bénitier en bronze du xv° siècle.

2° Statues du tombeau de sainte Aulaire appuyé contre l'église.

Saint-Bazile-de-Laroche. — 1° Deux calices en vermeil.

2° Ornements épiscopaux à double face.

3° Une croix processionnelle. Le tout provenant de dons faits par M. Chàderac et par J.-L. de Labrue, évêque de Tempe.

*Saint-Bonnet-Avalouze. — 1° Une cloche avec inscription et date de 1707.

2° Une Vierge en bois du xiii° siècle.

3° Un groupe N.-D. de Pitié du xvi° siècle.

*Saint-Bonnet-l'Enfantier. — Dans le grenier du presbytère diverses statuettes des xv° et xvi° siècles.

Saint-Bonnet-près-Bort. — Une cloche avec inscription et date : 1783.

*Saint-Bonnet-la-Rivière. — Un groupe de N.-D. de Pitié du xv⁴ ou xvı siècle.

Saint-Chamant. — Au presbytère, 1° une statue de sainte Madeleine du xvᵉ siècle.

2ᵃ Statues de pleureuses provenant du tombeau de saint Chamant.

Saint-Clément. — Une statue en pierre de N.-D. des Douleurs du xvᵉ siècle.

Saint-Cyr-la-Roche. — Un vitrail représentant la descente de croix, du xvᵉ siècle, dont nous avons parlé au chapitre des monuments historiques classés.

Saint-Etienne-la-Geneste. — Une cloche avec inscription et date : 1768.

Saint-Exupéry. — Dans le presbytère, une cheminée en bois décorée de trois peintures du xvıııᵉ siècle.

Sainte-Féréole. — 1° Une cloche avec inscription et date : 1784.

2° Un rétable en bois sculpté du xvııᵉ siècle.

3° Un buste, ancien reliquaire en bois, représentant sainte Berbelette, du xvııᵉ siècle (dans une niche extérieure).

*Sainte-Fortunade. — Une cuve baptismale.

*Saint-Fréjoux. — 1° Deux bas-reliefs en bois du xvııᵉ siècle, l'un au maître autel, l'autre dans une chapelle.

2° Une cloche avec inscription, mais sans date.

Saint-Germain-Lavolps. — Une cloche avec inscription et date : 1673.

Un Père éternel, haut-relief bois, du xvııᵉ siècle.

*Saint-Germain-les-Vergnes. — 1° Une châsse en cuivre doré et émaillé avec cabochon, figurines en relief du xıııᵉ siècle.

*Saint-Hilaire-Foissac. — Dans la chapelle des Chabanes, une cloche avec inscription et date : 1618.

Saint-Hilaire-les-Courbes. — Une cloche avec inscription et date : 1719.

Saint-Hilaire-Taurieux. — 1°, Une croix processionnelle torique à nœuds et cabochons du xv° siècle.

2° Un tabernacle en bois sculpté du xvii° siècle.

Saint-Julien-Maumont. — Une cloche avec inscription du xviii° siècle.

Saint-Julien-le-Vendômois. — Un rétable, des boiseries et des peintures du xvii° siècle.

· *Saint-Julien-près-Bort.* — 1° Un bénitier sculpté.

2° Une cloche avec inscription et date : 1748.

Sainte-Marie-Lapanouse. — Une cloche avec inscription du xviii° siècle.

Saint-Martial-Entraigues. — Un rétable en bois sculpté et doré du xvii° siècle.

Saint-Martial-de-Gimel. — Un rétable en bois sculpté du xvii° siècle.

Saint-Martin-la-Méanne. — Un rétable en bois sculpté et doré du xvii° siècle.

Saint-Merd-de-Lapleau. — 1° Deux cloches avec inscriptions et dates : 1658 et 1674.

2° Un rétable en bois sculpté du xvii° siècle.

Saint-Mexant. — 1° Une seconde cloche avec inscription et date : 1774.

2° Une *Pieta* du xvii° siècle.

3° Une Immaculée Conception en bois du xviii° siècle.

4° Statuette de la Vierge sur piédestal orné d'un cabochon du xvii° siècle.

5° Une autre statuette en bois de la Vierge du xvii° siècle.

Saint-Pardoux-Corbier. — Une cloche avec inscription, mais sans date.

Saint-Pardoux-le-Vieux. — Une petite châsse en plomb, à jour, ouvragée et à médaillon du xvii° siècle.

Saint-Pardoux-la-Croisille. — Un rétable en bois sculpté du xvii° siècle.

Saint-Paul. — Deux cloches, l'une très ancienne, sans date, mais avec inscription, et la seconde datée de 1713.

Saint-Priest-de-Gimel. — Une cloche avec inscription et date : 1682.

Saint-Robert. — Une cloche avec inscription et date : 1505.

Un Christ, grandeur naturelle, ceint d'un jupon, très ancien, mais curieusement restauré.

Ussac. -— Nous avons parlé de l'église et nous avons noté, dans une visite, qu'elle possédait un reliquaire renfermant un osselet de saint Jean le Précurseur. M. A. Marche, à qui nous empruntons le dessin ci-après, dit : « Cette relique, de la grosseur d'une aveline, est renfermée dans un

RELIQUAIRE D'USSAC

coffre de bois d'une dimension de vingt centimètres de largeur sur trente de longueur, et se montre derrière une petite vitre elliptique, qui est entourée de palmes de martyrs. Au-dessus, se dresse la statue du saint, sur une hauteur de soixante centimètres, à partir des genoux. » Ce n'est pas l'œuvre d'un artiste, mais celle d'un *fustier* du xviiᵉ siècle, et c'est à ce titre que nous la donnons.

Ossel. — Dans la chapelle de la Chabanne, une plaque triangulaire émaillée, représentant l'Assomption. Haut. 0 m. 10, longueur 0 m. 18 (xiiiᵉ siècle).

(Elle a été volée en 1912).

*Uzerche. — Un rétable sculpté du xviiᵉ siècle.

Venarsal. — 1º Un reliquaire avec buste en bois.

2º Une *Pieta* en bois du xviᵉ siécle remarquable par la tête du Christ mort.

Vitrac. — Un rétable en bois sculpté du xviiᵉ siècle.

*Vigeois. — Un cibcire en cuivre doré sur pied, à calotte hémisphérique, du xivᵉ siècle. Haut. 0 m. 126.

Voutezac. — 1º Un rétable en bois sculpté et doré du xviiᵉ siècle.

2º Une chaire à prêcher, en bois, du xviiᵉ siècle.

Nous voici au bout de la lourde tâche que nous nous étions imposée. Elle a été parfois difficile à remplir à cause de l'étroitesse d'esprit de certaines personnes qui voient trop souvent en autrui ce qu'elles ont en elles-mêmes de moins loyal et de moins estimable. Mais aussi, à côté de celles-ci, qui sont plutôt rares (nous sommes heureux de le constater), nous avons rencontré sur notre route une foule d'autres personnes aimables, obligeantes et sans parti pris qui ont bien voulu faciliter notre travail. Nous leur adressons nos plus cordiaux remerciements.

Pour mener à bien ce catalogue nous avons compulsé la plupart des livres traitant de la Corrèze, nous avons fait appel, par correspondance, à plus de cinquante personnes, nous avons visité 237 communes de notre département (il y en a 289), nous avons enfin pris plus de deux cents clichés photographiques nous permettant de suppléer à l'amnésie inévitable après avoir étudié, dans nos recherches départementales, les cinq cents monuments ou objets d'arts dont nous avons parlé.

Puisse notre travail être utile à quelques-uns, puisse-t-il surtout, en faisant mieux connaître et apprécier ses richesses monumentales et artistiques, être profitable à notre pays, au Bas-Limousin, à cette vieille terre aimée si passionnément de presque tous ses enfants.

Bourrelou, près Tulle, en mars 1913.

Victor FOROT.

Post-scriptum. — Il est utile de rectifier quelques erreurs commises au cours de notre travail et de réparer aussi quelques omissions.

A la page 50, nous indiquons comme provenant de la villa de Longour, près d'Argentat, toutes les pièces dont nous donnons les dessins. M. E. Bombal nous écrit que le *triens* mérovingien, représenté au bas de la page, fut trouvé au hameau des Etables, commune d'Argentat, et que la cassolette dont le dessin se trouve page 55 fut découverte lors des fondations de la culée rive droite de l'ancien pont suspendu d'Argentat. Il ajoute que la voie romaine dont nous reproduisons une photographie page 53, traversait la Maronne à Basteyroux (près d'Argentat) sur un pont de pierre qu'a remplacé le pont suspendu actuel.

A la page 54, nous disons que le puy du Tour est dans la commune de *Neuville*, mais plus près du bourg de *Monceau.* — Il faut dire qu'il y a deux puy du Tour : un commune de Monceau, où a été découverte une station préhistorique ou antique enceinte fortifiée, l'autre commune de Neuville, d'apparence analogue au premier, mais qui n'a pas été exploré.

Nous avons omis de signaler le tumulus de la Garde *(commune de Saint-Privat)*, qui fut fouillé il y a une vingtaine d'années et donna *des débris de poteries* ; des armes, des monnaies et des urnes cinéraires dont M. Jurbert, juge de paix à Saint-Privat, possède un spécimen.

A ajouter aussi la *commune de Hautefage*, qui possède le tumulus inexploré du Coucou.

A ajouter encore à la liste des découvertes celle qui fut faite en 1911, au hameau de Bros, commune de Monceau : un puits funéraire creusé dans le rocher, à 7 m. 40 de profondeur, d'où furent extraits de nombreux débris de poterie gallo-romaine, et des restes d'incinération.

M. Célérier, curé de Saint-Ybard, nous signale à Bialet un énorme bloc de pierre nommé dans le pays *Pierre du diable* « Ce bloc, dit-il, se dresse à l'extrémité d'une vaste clairière, posé sur trois autres pierres qui semblent sur le point d'être écrasées par ce poids énorme. Il domine un affreux précipice coupé de rochers au pied desquels roule en cascades impétueuses le ruisseau de Saint-Ybard.

« A deux kilomètres environ de cette *pierre du Diable*, sur la rive de la Vézère, se dresse majestueuse la *pierre des Fades*, dénommée dans le pays *Pierre des Filles*, corruption du mot Fée *(Feyo* en patois). La masse du bloc est posée comme par enchantement sur quatre pierres et déborde la base ; le côté seul opposé à la Vézère s'appuie contre l'escarpement du bois. Cette masse est surmontée d'une immense pierre plate qui semble toucher à peine la masse. »

Est-on en présence de monuments préhistoriques ou seulement de roches éruptives ou erratiques ?... Le temps nous a manqué pour aller nous en assurer.

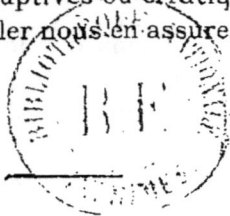